朝日小学生新聞の
ドクガク！
学習読みものシリーズ

読めばわかる！
ことわざ

監修／田中友樹（洗足学園中学高等学校教諭）
編著／朝日小学生新聞

はじめに

この本《ほん》は、人々《ひとびと》の間《あいだ》に古《ふる》くから伝《つた》わってきた言葉《ことば》である「ことわざ」を、みなさんに楽《たの》しく学《まな》んでもらおう！　という思《おも》いから作《つく》られました。

ことわざはとても短《みじか》い言葉《ことば》でできていますが、その中《なか》には、たくさんの反省《はんせい》やアドバイス、発見《はっけん》などがふくまれています。それはすべて、みなさんのご先祖様《せんぞさま》にあたる人《ひと》たちが考《かんが》えたり、感《かん》じたりしてきたことです。

この本《ほん》では、実際《じっさい》にことわざを使《つか》うことができるシチュエーションを、たくさん紹介《しょうかい》しています。読《よ》み進《すす》めていくたびに、思《おも》わず「ああ、こういうことってあるある！」とうなずいてしまうような場面《ばめん》を見《み》つけることができるでしょう。

かつてご先祖様《せんぞさま》たちが感《かん》じていた気持《きも》ちと、今《いま》、自分《じぶん》たちが感《かん》じている気持《きも》ちが同《おな》じだと思《おも》うと、何《なん》だか不思議《ふしぎ》な気分《きぶん》になりますね。

また、ことわざは、国語《こくご》の勉強《べんきょう》になるのはもちろんのこと、つらいときや悲《かな》しいときに自分《じぶん》をはげましてくれる「心《こころ》の支《ささ》え」となることもあります。スポーツ選手《せんしゅ》などが、座右《ざゆう》の銘《めい》として、ことわざをあげることも少《すく》なくありません。

この本《ほん》を通《つう》じてことわざを覚《おぼ》えることで、みなさんの人生《じんせい》がより豊《ゆた》かなものになれば、とてもうれしいです。

目次《もくじ》

登場人物《とうじょうじんぶつ》紹介《しょうかい》

フミ

ふたごのお姉《ねえ》さん。
おしゃれや
かわいいものが好《す》き。
よくコトばあと
けんかする。

ブン

ふたごの弟《おとうと》。
おとなしい性格《せいかく》で、
本《ほん》を読《よ》むのが好《す》き。
フミへのツッコミは的確《てきかく》。

コトばあ

町《まち》のはずれに
住《す》む、すご腕《うで》の
コクーゴ・マスター。
ケチな性格《せいかく》。
今川焼《いまがわや》きが大好物《だいこうぶつ》。

しばけん

ふたごの行《い》く
先々《さきざき》についてくる
不思議《ふしぎ》な犬《いぬ》。本名《ほんみょう》は
「しばたけんたろう」。

ストーリー

地図《ちず》にはのっていない、とある国《くに》がありました。この国《くに》では、古《ふる》くから伝《つた》わる言葉《ことば》のパワーを使《つか》って発動《はつどう》させる魔法《まほう》、「コクーゴ魔《ま》法《ほう》」がさかんです。言葉《ことば》の知識《ちしき》が豊富《ほうふ》な、コクーゴ魔《ま》法《ほう》のスペシャリストには、コクーゴ・マスターの称号《しょうごう》があたえられます。

ある日《ひ》、コクーゴ・マスターの一人《ひとり》、コトばあの家《いえ》に、にぎやかなふたごのきょうだいがやってきました……。

コ
Zzz
コトばあ
スャーー
Zzz
ドン
たのもー
バーンッ
ふたごの
コクーゴ魔法使い
見習い
え？
じゃーん
ブンと
フミ！
うふっ♡
はあ!?
コトばあ様の
弟子になりに
きました！
コ
バタンッ

えいっ
ゴッ
ぐ〜
何じゃおまえら！
ブンとフミです！
くぬっ
さっき聞いた！
…
つまり
うん うん
おぬしらはコクーゴ魔法使いになりたい
でも勉強をするのは面倒くさい
だから学校に通わず魔法のコツを教えてほしい…
そういうことじゃな？
はい！優秀な魔法使い
コクーゴマスターのコトばあ様！
ってことで弟子にして！

そもそも「コクーゴ魔法」とは
「言葉の知識」を魔力の源とする
この国独自の魔法
コクーゴ魔法
言葉の知識
だから言葉の勉強を
しないと使えないのだ！
ポンッ
勉強をなまけるヤツが
立派なコクーゴ魔法
使いになれるわけがない！
あらっ
勉強する
勉強しない
勉強あまり
好きじゃ
ないし…
たくさん
遊びたいもん！
じゃあ帰れ！
そもそも弟子は
とらない！
えーっ
あのー…
今川焼き
これは？
お父さんと
お母さんが持って
いきなさいって

パアアアアアアア
パクッ
…
…まあそこまで言うなら弟子にしてやらんこともない
ガッ
わーいっ
ガッ
そのかわりおぬしらはわしの世話をすること！
ほーい
よゆー
わしといっしょに暮らしながら「ことわざ」の知識を覚えるのだ！
ことわざ!?
きちんとテストもするからな！
テストおおぉ!?

こうしてフミとブンは、コトばあの家《いえ》に住《す》みこみ、ことわざについて勉強《べんきょう》をすることになりました。

二人《ふたり》は家事《かじ》をしたり、魔法《まほう》を習《なら》ったりしながら、七十七個《こ》のことわざを覚《おぼ》えていくことになります。

みなさんも、これから二人《ふたり》といっしょにことわざを勉強《べんきょう》していきましょう！

本《ほん》を読《よ》み終《お》わるころには、ひょっとしたらコクーゴ魔法《まほう》が使《つか》えるようになっているかもしれませんよ。

生物《せいぶつ》にまつわることわざ

まずはじめは、動物《どうぶつ》や植物《しょくぶつ》が
登場《とうじょう》することわざを学《まな》んでいくぞ！
頭《あたま》の中《なか》で、生《い》き物《もの》の姿《すがた》を
イメージしながら読《よ》んでいくと、
理解《りかい》しやすいはずじゃ
試《ため》してみておくれ

【1】

虻蜂取《あぶはちと》らず

よくばっても、損《そん》をするだけ

もうすぐバレンタインデーがやってきます。けれど、足《あし》の速《はや》いAくんと、頭《あたま》のいいBくん、二人《ふたり》ともかっこよく見《み》えて、どちらを本命《ほんめい》にするか決《き》められません。しかたなく、どちらにも「本命《ほんめい》」と伝《つた》えてチョコレートをわたすことにしました。

アブもハチも、さされるとかゆくなったり痛《いた》くなったりする、少《すこ》しめいわくな虫《むし》たち。それらがいっしょに飛《と》んでいたら、早《はや》くつかまえなければとあせるでしょう。しかし、二ひきを同時《どうじ》にやっつけ

ようとしても、集中力《しゅうちゅうりょく》が散《ち》ってしまい、両方《りょうほう》ともにがしてしまうかもしれません。**虻蜂取《あぶはちと》らず**という言葉《ことば》は、人々《ひとびと》に、**よくばりすぎてはいけない**とアドバイスしてくれているのです。

バレンタインデー当日《とうじつ》。Aくんにも Bくんにも、

「結局《けっきょく》、どっちのことも好《す》きじゃないんでしょ？」

と言《い》われてしまいました。まさに虻《あぶ》蜂取《はちと》らずになってしまった……というわけですね。

【2】

犬《いぬ》も歩《ある》けば棒《ぼう》に当《あ》たる

「棒《ぼう》」はいいこと？ 悪《わる》いこと？

何《なん》の予定《よてい》もない日曜日《にちようび》、たまには外《そと》へ出《で》ようと公園《こうえん》に出《で》かけたら、ペンキぬりたてのベンチで洋服《ようふく》をよごしてしまいました。家《いえ》でおとなしくしていたら、こんな目《め》にあわずにすんだかもしれません。

犬《いぬ》も歩《ある》けば棒《ぼう》に当《あ》たるは、こんなふうに、何《なに》かをしようとしている人《ひと》に「**思《おも》いがけない災難《さいなん》にあうかもしれないから、気《き》をつけなさい**」と、注意《ちゅうい》をうながす言葉《ことば》です。江戸時代《えどじだい》に作《つく》られた、いろはかるたの一句目《くめ》としても採用《さいよう》されています。

しかしこのことわざは、まったく逆《ぎゃく》の意味《いみ》で使《つか》われることもあります。何《なん》の予《よ》定《てい》もない日曜日《にちようび》、公園《こうえん》へ出《で》かけたら、好《す》きな子《こ》とばったり会《あ》うことができました。家《いえ》にいたら、こんな幸運《こううん》にはめぐまれなかったでしょう。これもまた、犬《いぬ》も歩《ある》けば棒《ぼう》に当《あ》たる、です。

向《む》こう見《み》ずな人《ひと》にとっては「少《すこ》し落《お》ち着《つ》きなさい」。用心深《ようじんぶか》い人《ひと》にとっては「**たまには冒険《ぼうけん》してみなさい**」。人《ひと》によってとらえ方《かた》が変《か》わるなんて、不思議《ふしぎ》なことわざですね。

正反対じゃのう…
むふ
ふふ
欲しかった本が捨ててあった
わーん
転んだ
歩いてみたら……？

【3】

井《い》の中《なか》の蛙《かわず》大海《たいかい》を知《し》らず

世界《せかい》は想像《そうぞう》より広《ひろ》い

国内《こくない》ですばらしいプレーをしていたスポーツ選手《せんしゅ》が、日本を飛《と》び出《だ》し、海外《かいがい》で活躍《かつやく》することが増《ふ》えてきました。日本にいればトップ選手《せんしゅ》でいられるのに、どうして海外《かいがい》へ行《い》くのでしょう。

昔々《むかしむかし》、中国北部《ちゅうごくほくぶ》にある海《うみ》の神様《かみさま》が「井戸《いど》の中《なか》にいるカエルに海《うみ》のことを話《はな》してもわからないだろう。ずっと自分《じぶん》の住《す》みかである、せまい井戸《いど》にいるからだ」と言《い》いました。中国《ちゅうごく》の歴史《れきし》ある本《ほん》、『荘子《そうし》』にのっているお話《はなし》です。井戸《いど》の中《なか》にいるカエルにとっては、その井《い》

戸《ど》が世界《せかい》のすべてです。海《うみ》がどれだけ大《おお》きいか、美《うつく》しいかを聞《き》いたとしても、見《み》たことがないため、想像《そうぞう》することができません。

同《おな》じように、**一《ひと》つの場所《ばしょ》や考《かんが》え方《かた》にとらわれていると、いろいろなものの見方《みかた》ができなくなり「自分《じぶん》はすごい」「自分《じぶん》が正《ただ》しい」と思《おも》いやすくなってしまいます。**

トップ選手《せんしゅ》たちはきっと、自分《じぶん》を**井《い》の中《なか》の蛙大海《かわずたいかい》を知《し》らず**で終《お》わらせたくないのでしょう。「自分《じぶん》はまだまだ、もっと成長《せいちょう》できる」と思《おも》いたくて、世界《せかい》という大海《たいかい》を目指《めざ》すのではないでしょうか。

【4】

魚心《うおごころ》あれば水心《みずごころ》

自分《じぶん》の心《こころ》は相手次第《あいてしだい》

家《いえ》に来《き》たばかりの子犬《こいぬ》が、こわごわとこちらの様子《ようす》をうかがっていたら、どうしますか？　おもちゃできげんをとってみたり、優《やさ》しく「おいで」と呼《よ》んでみたり……あらゆるやり方《かた》で、自分《じぶん》が敵《てき》ではないということを示《しめ》そうとするのではないでしょうか。片《かた》や子犬《こいぬ》のほうは「そこまで言《い》うなら」とばかりに、少《すこ》しずつこちらへ近《ちか》づいてくるはずです。

このようなペットの態度《たいど》こそ、まさに**魚心《うおごころ》あれば水心《みずごころ》**。**自分《じぶん》に「好《す》**

きだ」という気持《きも》ちを示《しめ》してくれる相手《あいて》を、自分《じぶん》も同《おな》じように、こころよく受《う》け入《い》れる様子《ようす》を表《あらわ》すことわざです。

水《みず》が魚《さかな》にとって住《す》みやすい場《ば》所《しょ》なのは、魚《さかな》に水《みず》の中《なか》で生《い》きよう、水《みず》と親《した》しもうとする気持《きも》ちがあるから。昔《むかし》の人《ひと》のそんな考《かんが》えから生《う》まれた言葉《ことば》なのです。

また、相手《あいて》の態度《たいど》を見《み》てから、こちらの行動《こうどう》を決《き》めようという意味《いみ》でも使《つか》われます。

【5】

馬《うま》の耳《みみ》に念仏《ねんぶつ》

人《ひと》の意見《いけん》を聞《き》き入《い》れない

中学校《ちゅうがっこう》に通《かよ》っているお兄《にい》ちゃんの部屋《へや》は、いつもぐちゃぐちゃ。洗《あら》っていない洋服《ようふく》や、食《た》べこぼしたおかしなどが、そこら中《じゅう》に散《ち》らばっています。そんなある日《ひ》、お兄《にい》ちゃんの部屋《へや》から「ぎゃーっ！」という悲鳴《ひめい》が聞《き》こえてきました。あわててかけつけると、そこには一ぴきの大《おお》きなゴキブリの姿《すがた》があったのです！

「だから片《かた》づけなさいって言《い》ったでしょ！　お兄《にい》ちゃんはいつも**馬《うま》の耳《みみ》に念仏《ねんぶつ》**なんだから！」

と、お母《かあ》さんがぷんぷんおこりながら言《い》いました。

念仏《ねんぶつ》とは、仏様《ほとけさま》の名前《なまえ》や、お経《きょう》を唱《とな》えること。どんなにえらいおぼうさんが唱《とな》える念仏《ねんぶつ》も、馬《うま》にはそのありがたみがわかりません。このことから、**人《ひと》の意見《いけん》やアドバイスをまったく聞《き》き入《い》れない態度《たいど》**を、馬《うま》の耳《みみ》に念仏《ねんぶつ》と言《い》うようになったのです。

せっかく人間《にんげん》に生《う》まれたのに、お母《かあ》さんの話《はなし》を聞《き》かなかったお兄《にい》ちゃんは、ガックリとうなだれたのでした。

【6】

海老《えび》で鯛《たい》を釣《つ》る

得《とく》した喜《よろこ》びを表《あらわ》す言葉《ことば》

かぜをひいた友《とも》だちが、学校《がっこう》を休《やす》みました。放課後《ほうかご》、その子《こ》の家《いえ》に連絡帳《れんらくちょう》を届《とど》けに行《い》くと、友《とも》だちのお母《かあ》さんが、「わざわざありがとう。これ、よかったら持《も》っていって」と、紙袋《かみぶくろ》をわたしてくれました。家《いえ》に帰《かえ》って開《あ》けてみたら、中身《なかみ》はなんと、おいしいと評判《ひょうばん》のお店《みせ》のケーキです。家族《かぞく》みんなに「海老《えび》で鯛《たい》を釣《つ》ったね」と喜《よろこ》ばれました。

タイはとても高価《こうか》な魚《さかな》ですが、エサであるエビは安《やす》く手《て》に入《はい》るため、エビでタイを釣《つ》ると、たくさんのお金《かね》をもうけることができます。このことから、**少《すこ》しの手間《てま》やお金《かね》で、たくさんの利益《りえき》を得《え》ること**を、**海老《えび》で鯛《たい》を釣《つ》る**というようになったのです。

「ラッキー！」という気持《きも》ちを表現《ひょうげん》する言葉《ことば》ですが、あまりに立派《りっぱ》な「タイ」をもらうと、何《なん》だか申《もう》し訳《わけ》ない気持《きも》ちになりますね。

今日もフミはすっごくかわいいね！
ところで今日の掃除任せてもいい？
んもーしょうがないなぁ
ほう
ブンは上手に海老で鯛を釣っとるの…
たのしい本2

【7】鬼《おに》に金棒《かなぼう》

強《つよ》いものがさらに強《つよ》くなる

所属《しょぞく》しているサッカーチームに、新《あたら》しい仲間《なかま》が加《くわ》わることになりました。最近《さいきん》この町《まち》にひっこしてきたその子《こ》は、以前《いぜん》住《す》んでいた場所《ばしょ》でもチームのエースとして活躍《かつやく》してい

コトばあ様に優秀な弟子が二人もついて
鬼に金棒ねっ！
金棒？
……
コ

たそうです。

「これでうちのチームも、**鬼《おに》に金棒《かなぼう》**だな！」

と、コーチがほくほくした顔《かお》で言《い》いました。

日本の妖怪《ようかい》として知《し》られる鬼《おに》は、強《つよ》く、凶暴《きょうぼう》な生《い》き物《もの》だとされています。ただでさえ強《つよ》い鬼《おに》に金棒《かなぼう》を持《も》たせたら、さらに強《つよ》くなり、もうだれもかなわなくなってしまいます。何《なに》かを手《て》に入《い》れることで、**ただでさえ強《つよ》いものが、もっと強《つよ》くなること**を鬼《おに》に金棒《かなぼう》というのです。

江戸版《えどばん》のいろはかるたにものっています。

「コーチ、それはちがいます」と、キャプテンが手《て》をあげました。

「ぼくたちは弱《よわ》いチームなので、鬼《おに》に金棒《かなぼう》にはなりません」

そう、最初《さいしょ》から「鬼《おに》」とたとえられるくらい強《つよ》いものでないと、この言葉《ことば》は使《つか》えないのです。コーチはしゅんとしてしまいました。

【8】

飼《か》い犬《いぬ》に手《て》をかまれる

手《て》ではなく、心《こころ》が痛《いた》い！

テレビを見《み》ていたら「人気歌手《にんきかしゅ》Cさんが、引退《いんたい》を発表《はっぴょう》！」という大《だい》ニュースが飛《と》びこんできました。続《つづ》いて登場《とうじょう》した事務所《じむしょ》の社長《しゃちょう》は、「ずっとかわいがってきた歌手《かしゅ》だったのに、突然《とつぜん》、引退《いんたい》したいと言《い》われて、飼《か》い犬《いぬ》に手《て》をかまれた気持《きも》ちです」と、画面《がめん》の中《なか》で肩《かた》を落《お》としています。

犬《いぬ》を飼《か》っている人《ひと》はもちろん、動物《どうぶつ》を飼《か》ったことがない人《ひと》も、ペットを大切《たいせつ》に思《おも》う飼《か》い主《ぬし》の思《おも》いを想像《そうぞう》することはできるはず。家族《かぞく》の

一員《いちいん》だと思《おも》っていた犬《いぬ》に、ある日《ひ》突然《とつぜん》、ガブッと手《て》をかまれたら……。とても悲《かな》しい気持《きも》ちになりませんか？ **長《なが》い間《あいだ》かわいがり、面倒《めんどう》を見《み》ていた人《ひと》に裏切《うらぎ》られることを**、**飼《か》い犬《いぬ》に手《て》をかまれる**といいます。裏切《うらぎ》るほうを飼《か》い犬《いぬ》にたとえるため、裏切《うらぎ》られるほうが目上《めうえ》、もしくは年上《としうえ》の場合《ばあい》にしか使《つか》えないと覚《おぼ》えておきましょう。

この社長《しゃちょう》は実際《じっさい》にかまれたわけではありませんが、心《こころ》が傷《きず》ついてしまったかもしれませんね。

【9】

蛙《かえる》の子《こ》は蛙《かえる》

子《こ》どもは親《おや》に似《に》るもの！

カエルの赤《あか》ちゃんであるオタマジャクシは、カエルとは似《に》ても似《に》つかない姿《すがた》をしています。けれど月日《つきひ》がたつにつれて、両親《りょうしん》にそっくりな、子《こ》ガエルへと成長《せいちょう》をとげるのです。このことから、**子《こ》どもは親《おや》に似《に》るものである、**ということを意味《いみ》する、**蛙《かえる》の子《こ》は蛙《かえる》**という言葉《ことば》が生《う》まれました。

みなさんにもきっと、お父《とう》さんやお母《かあ》さんと似《に》ている部分《ぶぶん》があるはずです。今度《こんど》おじいちゃんやおばあちゃんに会《あ》う機会《きかい》があったら、

「お父《とう》さんってどんな子《こ》どもだった？」と聞《き》いてみましょう。「毎日外《まいにちそと》を走《はし》り回《まわ》っている子《こ》だったよ」「おしゃべりばかりして、学校《がっこう》でしかられていたよ」など「やっぱり蛙《かえる》の子《こ》は蛙《かえる》だ」と言《い》いたくなるような話《はなし》が聞《き》けるかもしれませんよ。

パパとママからの手紙だよー！
コトばあ様へ ブンとフミは元気でしょうか。私たちに似てとてもかしこい子どもですから、コトばあ様もさぞかし二人の毎日の成長におどろいていることと思います……
…蛙の子は蛙じゃな

【10】亀《かめ》の甲《こう》より年《とし》の劫《こう》

一万年《まんねん》より貴重《きちょう》な八十年《ねん》

テレビなどで、「この道一筋何十年《みちひとすじなんねん》」と紹介《しょうかい》される職人《しょくにん》さんたちの仕事《しごと》ぶりを見《み》たことはありませんか？

みなさんのおじいさんやおばあさんくらいの年齢《ねんれい》の人《ひと》たちが、慣《な》れた手《て》つきで物作《ものづく》りをしている姿《すがた》は「さすが！」としか言《い》いようがないですよね。

亀《かめ》の甲《こう》より年《とし》の劫《こう》とは、**おじいさんやおばあさんが人生《じんせい》を通《つう》じて身《み》につけてきた知恵《ちえ》や経験《けいけん》は、何物《なにもの》にもかえがたい**という意味《いみ》のことわざです。一万年《まんねん》生《い》きると言《い》われているカメのこうらだって、お年寄《としよ》りの功績《こうせき》にはかなわない、ということから生《う》まれました。

職人《しょくにん》さんに限《かぎ》らず、身《み》近《ちか》にいるお年寄《としよ》りと話《はなし》をしてみれば、亀《かめ》の甲《こう》より年《とし》の劫《こう》を実感《じっかん》できるかもしれません。

亀の甲より年の劫！
おぬしらもわしを
大事にするんじゃぞ！
コトばあって
いくつ…？
一万歳
こえてたりして…

【11】木《き》を見《み》て森《もり》を見《み》ず

大切《たいせつ》なのは全体《ぜんたい》を見《み》ること

図工《ずこう》の時間《じかん》に、クレヨンで花壇《かだん》のスケッチをすることになりました。さまざまな種類《しゅるい》の花《はな》を、じっくりと観察《かんさつ》しながら画用紙《がようし》にかきこんでいきます。しかし「よし、できた」と、画用紙《がようし》全体《ぜんたい》をながめたとき、思《おも》わず首《くび》をかしげてしまいました。一《ひと》つひとつの花《はな》はきれいにかけているのに、バランスが悪《わる》いのです。絵《え》の中《なか》の花壇《かだん》は、いろいろな花《はな》がぐちゃぐちゃに植《う》えられているようにしか見《み》えません。

木《き》を見《み》て森《もり》を見《み》ずとは、**物事《ものごと》の細《こま》かい部分《ぶぶん》ばかりに注目《ちゅうもく》せず、もっ**

と全体《ぜんたい》を見《み》なさい、と教《おし》えてくれていることわざです。せっかく森《もり》に入《はい》っても、一本《ぽん》一本《ぽん》の木《き》に気《き》をとられ「今《いま》の森《もり》って、どんな森《もり》だった？」となってしまっては、森《もり》に入《はい》った意味《いみ》がありませんよね。

絵《え》のバランスがくずれてしまったのも、花壇全体《かだんぜんたい》ではなく、一《ひと》つひとつの花《はな》ばかりに注目《ちゅうもく》したためでしょう。余《あま》った時間《じかん》でもう一度《いちど》、今度《こんど》は花壇全《かだんぜん》体《たい》を見《み》ながらかいてみたら、大成功《だいせいこう》！先生《せんせい》にもほめられたのでした。

【12】犬猿《けんえん》の仲《なか》

二人《ふたり》きりにできない組《く》み合《あ》わせ！

狩《か》りのパートナーやペットとして、人間《にんげん》とともに生《い》きてきた犬《いぬ》と、上下関係《じょうげかんけい》を築《きず》き、自分《じぶん》たちだけの特別《とくべつ》な集団《しゅうだん》を作《つく》ってきたサル。まったく異《こと》なる性格《せいかく》の二種類《しゅるい》の動物《どうぶつ》は「相性《あいしょう》の悪《わる》い組《く》み合《あ》わせ」の代表《だいひょう》と考《かんが》えられてきました。そしていつしか、**犬猿《けんえん》の仲《なか》**という、**険悪《けんあく》な人間関係《にんげんかんけい》を意味《いみ》することわざ**が生《う》まれたのです。

たとえば、平安時代《へいあんじだい》の二大女性作家《だいじょせいさっか》、紫式部《むらさきしきぶ》と清少納言《せいしょうなごん》は、犬猿《けんえん》の仲《なか》であったという説《せつ》があります。二人《ふたり》が直接話《ちょくせつはな》したことがあったかどうかはわかりませんが、『紫式部日記《むらさきしきぶにっき》』には、「清少納言《せいしょうなごん》は、自分《じぶん》の才《さい》能《のう》を見《み》せびらかしている、えらそうな女《おんな》だ」という、悪口《わるくち》のような文章《ぶんしょう》が残《のこ》されています。

ちなみに、犬猿《けんえん》の仲《なか》よりもっと仲《なか》の悪《わる》い関係《かんけい》を「犬猿《けんえん》もただならない(関係《かんけい》)」といいます。

【13】

虎穴《こけつ》に入《い》らずんば虎児《こじ》を得《え》ず

挑戦《ちょうせん》なくては成功《せいこう》なし！

このことわざは、かつての中国《ちゅうごく》の軍人《ぐんじん》・班超《はんちょう》が、戦《いくさ》をしていたときに、おびえる部下《ぶか》たちにかけた言葉《ことば》から生《う》まれました。

「トラの穴《あな》に入《はい》らなければ、トラの子《こ》をつかまえることはできないように、戦《たたか》わなければ勝利《しょうり》することもできないのだ」

これにはげまされた兵士《へいし》たちは、敵《てき》に夜戦《やせん》（多《おお》くの敵《てき》が油断《ゆだん》をしている夜《よる》に行《おこな》う戦《たたか》い）をしかけ、戦《いくさ》に勝利《しょうり》したのです。

成功《せいこう》したいならば、それと同《おな》じくらい大《おお》きな危険《きけん》や試練《しれん》を乗《の》り越《こ》

えなくてはなりません。たとえば体育《たいいく》の時間《じかん》に、苦手《にがて》なとび箱《ばこ》を練《れん》習《しゅう》することになったとします。苦手《にがて》だからといって、みんなのとぶ姿《すがた》をながめるだけでは、いつまでたっても上達《じょうたつ》しませんね。とぶタイミングを練習《れんしゅう》する、一段《だん》だけでもとんでみるなど、挑戦《ちょうせん》を続《つづ》けた人《ひと》だけが、とび箱《ばこ》をとべるようになるのです。

虎穴《こけつ》に入《い》らずんば虎児《こじ》を得《え》ずとは、失敗《しっぱい》をこわがらずに、どんどんチャレンジしようと、呼《よ》びかけてくれることわざです。

さあ飛ぶ練習じゃ！虎穴に入らずんば虎児を得ず！
ムリー

【14】

猿《さる》も木《き》から落《お》ちる

失敗《しっぱい》しない人《ひと》はいない

「何《なん》でも知《し》っていると思《おも》っていた先生《せんせい》が、漢字《かんじ》をまちがえた！」
「大人気《だいにんき》の歌手《かしゅ》が、歌詞《かし》を忘《わす》れてあわてていた！」
「サッカーチームのエースが、ＰＫを外《はず》した！」

プロやスター、先生《せんせい》などと呼《よ》ばれる人《ひと》でも、人間《にんげん》なのですから、失《しっ》敗《ぱい》することはあります。**猿《さる》も木《き》から落《お》ちる**は、そんな**名人《めいじん》たちの失《しっ》敗《ぱい》を、木登《きのぼ》りが上手《じょうず》なサルにたとえたことわざ**です。

するすると木《き》に登《のぼ》り、そのまま木《き》の上《うえ》でねてしまうこともあるサルですら、うっかり地面《じめん》に落《お》ちてしまうことがあります。同《おな》じ失敗《しっぱい》をくり返《かえ》してばかりなのは考《かんが》えものですが、**一度《いちど》くらいの失敗《しっぱい》でひどく落《お》ちこむ必要《ひつよう》はない**と、この言葉《ことば》は教《おし》えてくれています。

コトばあ大丈夫ー!?
あ、
猿も木から落ちるだね…
…

【15】獅子《しし》の子《こ》落《お》とし

試練《しれん》が子《こ》どもを強《つよ》くする

夏休《なつやす》みのある日《ひ》、お父《とう》さんが言《い》いました。

「今年《ことし》は、一人《ひとり》でおじいちゃんの家《いえ》にとまりに行《い》ってこい」

家《いえ》からおじいちゃんが住《す》む家《いえ》までは、新幹線《しんかんせん》に乗《の》って一時間《じかん》ほどかかります。突然《とつぜん》どうしたのでしょう。

不安《ふあん》になってお母《かあ》さんにたずねると、お母《かあ》さんは「お父《とう》さんは、**獅《し》子《し》の子《こ》落《お》とし**をしたいのよ」と笑《わら》いました。

獅子《しし》には、自分《じぶん》の子《こ》どもを谷底《たにぞこ》へ落《お》とし、戻《もど》ってきた子《こ》どもだけ

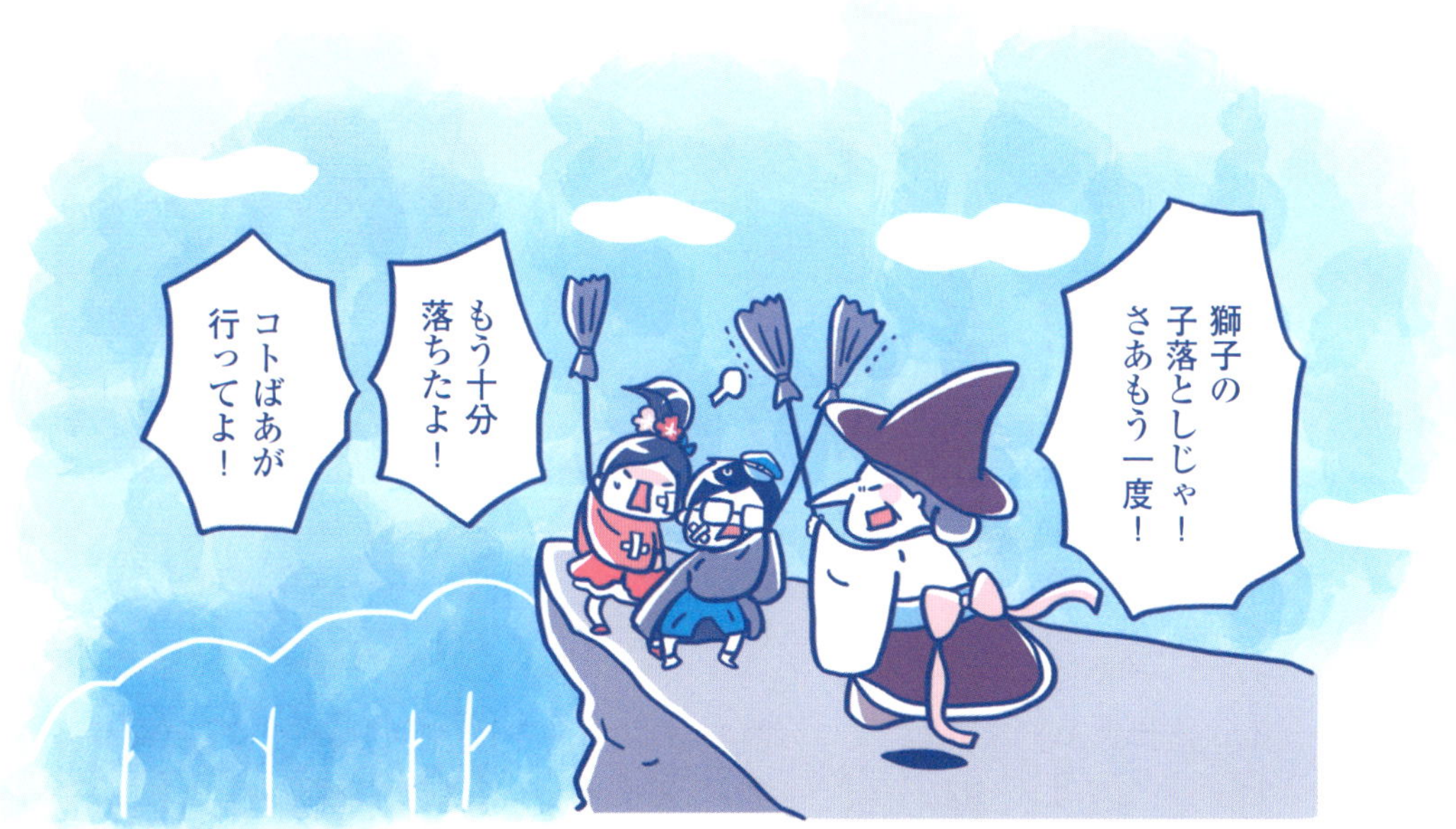

を育《そだ》てるという言《い》い伝《つた》えがあります。『太《たい》平記《へいき》』という日本の歴史物語《れきしものがたり》にも出《で》てくる有名《ゆうめい》な話《はなし》です。この伝説《でんせつ》にちなんで、**自分《じぶん》の子《こ》にあえて苦《くる》しい試練《しれん》をあたえ、強《つよ》くかしこい子《こ》に育《そだ》てようとすること**を、獅子《しし》の子落《こお》としと言《い》うようになったのです。

そして、出発当日《しゅっぱつとうじつ》。一人《ひとり》で新幹線《しんかんせん》を乗《の》り降《お》りし、おじいちゃんとおばあちゃんの元気《げんき》な姿《すがた》を見《み》たら、たしかに、これまでより少《すこ》し強《つよ》くなったような気《き》がしたのでした。

【16】

立《た》つ鳥《とり》跡《あと》を濁《にご》さず

自分《じぶん》のためにも、次《つぎ》の人《ひと》のためにも

今日《きょう》は、一学期《がっき》の始業式《しぎょうしき》の日《ひ》です。ワクワクしながら新《あたら》しい教室《きょうしつ》へやってきました。ところが、中《なか》に入《はい》ってびっくり。ロッカーには荷物《にもつ》が点々《てんてん》と残《のこ》されていて、机《つくえ》やかべには落書《らくが》きがされていました。すがすがしい気持《きも》ちが台《だい》なしです。

水辺《みずべ》で暮《く》らす、カモやサギなどの鳥《とり》を水《みず》

弟子になる前に自分の部屋をきれいにしてきたのよ！
ドャアアアァ
立つ鳥跡を濁さずだもんね！

鳥《どり》といいます。水面《すいめん》から空《そら》へ飛《と》び立《た》つ姿《すがた》を、見《み》たことがある人《ひと》もいるかもしれませんね。しかし、水鳥《みずどり》が飛《と》び立《た》つ姿《すがた》を見《み》たことはあっても、飛《と》び立《た》ったあとの水《みず》の様子《ようす》を気《き》にしたことがある人《ひと》はあまりいないでしょう。水鳥《みずどり》が飛《と》び立《た》ったあとも、水《みず》の様子《ようす》は変《か》わりません。よごれたり、にごったりすることもなく、きれいなままなのです。このことから**立《た》つ鳥跡《とりあと》を濁《にご》さず**という言葉《ことば》ができました。

新《あたら》しい場所《ばしょ》へ行《い》く人《ひと》は、自分《じぶん》がもといた場所《ばしょ》をきちんと片《かた》づけ、きれいにしていかなければいけません。よごれたままでは見苦《みぐる》しいし、次《つぎ》にそこへ来《く》る人《ひと》も、いやな気持《きも》ちになってしまいます。

人《ひと》も、水鳥《みずどり》を見習《みなら》わなくてはいけませんね。

【17】

たで食《く》う虫《むし》も好《す》き好《ず》き

好《す》きなものは人《ひと》それぞれ

一組《くみ》の担任《たんにん》の先生《せんせい》は、おこるとこわいことで有名《ゆうめい》です。ふだんも何《なん》だか、むっつりときげんが悪《わる》そうな顔《かお》をしています。ところが意《い》外《がい》なことに、クラスで一番物静《いちばんものしず》かな女《おんな》の子《こ》がこう言《い》いました。

「私《わたし》は先生《せんせい》のことが大好《だいす》きよ。だって、とっても優《やさ》しいじゃない」

これを聞《き》いたクラスメートの一人《ひとり》は「**たで食《く》う虫《むし》も好《す》き好《ず》き**ってことかな」とつぶやきました。いったい、どういう意味《いみ》でしょう。

タデとは、タデ科《か》タデ属《ぞく》に分類《ぶんるい》される植物《しょくぶつ》です。食《た》べられますが、からみや苦《にが》みがあるため、この植物《しょくぶつ》をすすんで食《た》べる虫《むし》はあまりいません。たで食《く》う虫《むし》も好《す》き好《ず》きとは、そんな**からくて苦《にが》いタデを好《この》んで食《た》べる虫《むし》がいるように、人間《にんげん》の好《この》みも人《ひと》それぞれである、**ということを意味《いみ》することわざなのです。

その後《ご》、担任《たんにん》の先生《せんせい》は、花《はな》や動物《どうぶつ》を育《そだ》てるのが好《す》きな、優《やさ》しい先生《せんせい》だということがわかりました。どうやらこのタデは、からくも苦《にが》くもない、おいしいタデだったようですね。

【18】

虎《とら》の威《い》を借《か》る狐《きつね》

トラがいるうちはいいけれど……

『戦国策《せんごくさく》』という中国《ちゅうごく》の古《ふる》い本《ほん》の中《なか》に、こんな話《はなし》があります。あるとき、トラに食《た》べられそうになったキツネが、こう言《い》いました。

「私《わたし》は神様《かみさま》の使《つか》いでこの世《よ》にやってきた、動物《どうぶつ》の王様《おうさま》です。私《わたし》を食《た》べると神様《かみさま》がおこりますよ。証拠《しょうこ》

最近私たち
有名になってきた
みたいなの
コトばあ様の
優秀な弟子って
言われてるもんね
…

を見《み》せるからついてきなさい」

トラがキツネの後《うし》ろについて歩《ある》くと、他《ほか》の動物《どうぶつ》たちがにげていきます。トラはキツネの話《はなし》を信《しん》じました。ところが、動物《どうぶつ》たちがこわがっていたのはキツネではなく、実《じつ》はトラ自身《じしん》だったのです。

この話《はなし》がもととなり、**虎《とら》の威《い》を借《か》る狐《きつね》**は、**力《ちから》のない人《ひと》が、権力者《けんりょくしゃ》や実力者《じつりょくしゃ》にたより、いばっている様子《ようす》を表《あらわ》すことわざ**になりました。

日本の歴史《れきし》でも、権力者《けんりょくしゃ》が近《ちか》くにいたときはかがやいていたけれど、その人《ひと》がいなくなったとたん、急《きゅう》に力《ちから》を失《うしな》ってしまった人《ひと》や一族《いちぞく》の例《れい》がたくさんあります。平清盛《たいらのきよもり》がいなくなったあとの平家《へいけ》や、豊臣秀吉《とよとみひでよし》がいなくなったあとの豊臣家《とよとみけ》などがあげられるでしょう。

みなさんはトラの力《ちから》を借《か》りなくてもいいよう、自分《じぶん》をみがいて、力《ちから》をつけていってくださいね。

【19】

どんぐりの背比《せいくら》べ

どっちもどっち！

秋《あき》になると、クヌギの木《き》やカシの木《き》の下《した》に、小《ちい》さくてかわいらしいどんぐりが落《お》ちているのを見《み》つけることができます。ためしに、二《ふた》つほど拾《ひろ》ってみましょう。同《おな》じ種類《しゅるい》の木《き》から落《お》ちたどんぐりは、まるで兄弟《きょうだい》かふたごのようによく似《に》ているはずです。

どんぐりの背比《せいくら》べとは、**いくつかのものを比《くら》べたとき、飛《と》びぬけてすばらしいものがないこと**をいいます。ほとんど同《おな》じ形《かたち》をしているどんぐりですから、長《なが》さを比《くら》べてもあまり意味《いみ》がありませんね。

算数《さんすう》のテストで七十点《てん》をとった子《こ》が、六十九点《てん》の子《こ》をからかっていたとします。六十九点《てん》の子《こ》は口《くち》をとがらせながら「でも、国語《こくご》のテストはぼくのほうが二点《てん》勝《か》っていたよ」と言《い》い返《かえ》しました。何《なに》が言《い》いたいか、もうわかりましたか？

さっそく二人《ふたり》に、覚《おぼ》えたばかりのことわざを教《おし》えてあげたいですね。

【20】

鳶《とんび》（とび）が鷹《たか》を生《う》む

親《おや》はふつう、子《こ》どもは天才《てんさい》!?

東京《とうきょう》の大学《だいがく》に通《かよ》ういとこのお兄《にい》ちゃんが、箱根駅伝《はこねえきでん》に出場《しゅつじょう》することになりました。親戚《しんせき》はみんな大喜《おおよろこ》びです。当日《とうじつ》は、テレビの前《まえ》で、お兄《にい》ちゃんを応援《おうえん》することになりました。立派《りっぱ》に走《はし》るお兄《にい》ちゃんの姿《すがた》を見《み》て、父親《ちちおや》であるおじさんがしみじみと言《い》いました。

「自分《じぶん》は走《はし》ることが大《だい》きらいだったのに、息子《むすこ》はあんなに足《あし》が速《はや》いなんて、びっくりだ。鳶《とんび》が鷹《たか》を生《う》む、だなぁ」

鳶《とんび》が鷹《たか》を生《う》むとは、**ごくふつうの親《おや》から、才能《さいのう》ある子《こ》どもが生《う》ま**

れたことを意味《いみ》することわざです。トンビが平凡《へいぼん》なものを、タカが優《すぐ》れたものを表《あらわ》すたとえになっています。

思《おも》わず「おじさんはトンビなの？」と聞《き》いたら、お母《かあ》さんにおこられてしまいました。どうやら、親《おや》に向《む》かって直接《ちょくせつ》「鳶《とんび》が……」と言《い》うのは失礼《しつれい》なことのよう。みなさんは気《き》をつけてくださいね。

【21】

泣《な》き面《つら》（泣《な》きっ面《つら》）に蜂《はち》

悲《かな》しい＋悲《かな》しい＝もっと悲《かな》しい！

悲《かな》しいことが起《お》こり、わんわんと声《こえ》をあげて泣《な》いているときに、ブーンとハチが飛《と》んできて、顔《かお》をチクリとさしていく……そんなシーンを想像《そうぞう》してみてください。悲《かな》しい、痛《いた》い、顔《かお》がはれて恥《は》ずかしいなど、さまざまな思《おも》いがわきあがり、自分《じぶん》はなんてついていないんだろうという気持《きも》ちになるでしょう。**泣《な》き面《つら》に蜂《はち》**は、**不幸《ふこう》の上《うえ》にさらなる不幸《ふこう》が重《かさ》なるつらさ**を、的確《てきかく》に表《あらわ》したことわざです。

「通学路《つうがくろ》で転《ころ》んで足《あし》をひねり、保健室《ほけんしつ》に行《い》ったら、先生《せんせい》に大好《だいす》きな体育《たいいく》を休《やす》むよう言《い》われてしまった」

「とっておいたアイスクリームを妹《いもうと》に食《た》べられてしまい、ケンカしたらお母《かあ》さんにしかられた」

など、自分《じぶん》が体験《たいけん》した泣《な》き面《つら》に蜂《はち》を思《おも》い出《だ》してみましょう。身近《みぢか》な出来事《できごと》と結《むす》びつければ、すぐに覚《おぼ》えられますね。

【22】

猫《ねこ》にかつお節《ぶし》

油断《ゆだん》できない組《く》み合《あ》わせ

ネコに向《む》かって、

「これは絶対《ぜったい》に食《た》べちゃだめだよ」

と言《い》って、かつお節《ぶし》の入《はい》ったお皿《さら》をわたしたら、どうなるでしょうか？　少《すこ》しの間《あいだ》はがまんしてくれているかもしれませんが、しばらくしたら、お皿《さら》の上《うえ》は空《から》っぽになっていることでしょう。

このことから**「油断《ゆだん》できない」「間違《まちが》いを起《お》こす可能性《かのうせい》が高《たか》い」組《く》み合《あ》わせのこと**を、**猫《ねこ》にかつお節《ぶし》**というようになりました。

ためしに、自分《じぶん》にとってのかつお節《ぶし》は何《なに》か、考《かんが》えてみてください。お母《かあ》さんに食《た》べてはいけないと言《い》われたチョコレート？　夕《ゆう》ご飯前《はんまえ》に見《み》つけてしまった甘《あま》いジュース？

猫《ねこ》にかつお節《ぶし》の気《き》持《も》ちが、わかったでしょうか。

【23】能《のう》ある鷹《たか》は爪《つめ》を隠《かく》す

才能《さいのう》はじまんしないもの

タカは、鋭《するど》く大《おお》きなつめを使《つか》ってえものをとらえる、肉食《にくしょく》の鳥《とり》です。上空《じょうくう》を飛《と》び回《まわ》りながら食《た》べられそうな小動物《しょうどうぶつ》を探《さが》し、これと決《き》めたターゲットに向《む》かって急降下《きゅうこうか》してきます。このとき、タカはギリギリまで足《あし》をのばしません。つめを出《だ》すのは、えものをつかまえる直前《ちょくぜん》になってからなのです。

能《のう》ある鷹《たか》は爪《つめ》を隠《かく》すとは、そんなタカの生態《せいたい》がもととなって生《う》まれたことわざです。**優《すぐ》れた武器《ぶき》や才能《さいのう》を持《も》っている人《ひと》は、いざとい**

うときが来《く》るまで、それを見《み》せびらかしたり、じまんしたりしないものである、という意味《いみ》で使《つか》われます。

クラスの中《なか》にも、ふだんは何《なに》も言《い》わないけれど、「外国《がいこく》に長《なが》く住《す》んでいて、英語《えいご》がペラペラだった」「小《ちい》さいころからピアノを習《なら》っていて、プロ並《な》みにうまい」など、つめをかくしたタカたちがいるかもしれませんよ。

【24】

花《はな》より団子《だんご》

見《み》た目《め》よりも実用《じつよう》をとる

お花見《はなみ》の楽《たの》しみといえば、もちろん満開《まんかい》の桜《さくら》の花《はな》を見《み》ることですね。しかしそれと同《おな》じくらい「お母《かあ》さんが作《つく》るごうかなお弁当《べんとう》が楽《たの》しみ！」という人《ひと》も多《おお》いのではないでしょうか。

見《み》た目《め》や名前《なまえ》が立派《りっぱ》なものよりも、役《やく》に立《た》つものや、中身《なかみ》のあるものを好《この》む様子《ようす》を花《はな》より団子《だんご》といいます。お花見《はなみ》で、桜《さくら》の美《うつく》しさよりも、屋台《やたい》で売《う》っているおだんごに気《き》をとられる人々《ひとびと》から生《う》まれたことわざです。江戸《えど》版《ばん》いろはかるたにも収《おさ》められています。

たとえば、テストの点《てん》をお母《かあ》さんやお父《とう》さんからほめられたときに「ほめなくてもいいから、ごほうびをちょうだい！」と言《い》ったりしたことはありませんか？ お母《かあ》さんたちに、「まったく、花《はな》より団子《だんご》なんだから！」と思《おも》われた可能性《かのうせい》がありますね。

【25】瓢箪《ひょうたん》から駒《こま》

奇跡《きせき》が現実《げんじつ》に起《お》こっちゃった！

ひょうたんを見《み》たことはありますか？ 首《くび》とおなかの部分《ぶぶん》が細《ほそ》くびれた、不思議《ふしぎ》な形《かたち》をしています。加工《かこう》すれば、水筒《すいとう》などの容器《ようき》としても使《つか》える、便利《べんり》な植物《しょくぶつ》です。

では、このひょうたんから馬《うま》が出《で》てきたら、どう思《おも》うでしょう。**瓢箪《ひょうたん》から駒《こま》**とは、**思《おも》いもよらない幸運《こううん》**、**つまり奇跡《きせき》が**、**現実《げんじつ》となった様子《ようす》を表《あらわ》すことわざ**です。上方《かみがた》（今《いま》の関西方面《かんさいほうめん》）版《ばん》のいろはかるたにも使《つか》われています。ひょうたんから馬《うま》（駒《こま》には馬《うま》という意味《いみ》もあります）が出《で》てきたら、それこそ奇跡《きせき》か魔法《まほう》としか思《おも》えませんね。

「お父《とう》さんにもらった宝《たから》くじで、一等《とう》が当《あ》たった！」

「夏休《なつやす》みの宿題《しゅくだい》で書《か》いた作《さく》文《ぶん》が、全国《ぜんこく》コンクール一位《い》になった！」

実際《じっさい》に起《お》こったらうれしいけれど、めったに起《お》こらないからこその瓢箪《ひょうたん》から駒《こま》。期待《きたい》しすぎは禁物《きんもつ》ですよ。

ラブレター もらっちゃった…！
何かの まちがいよね
瓢箪から駒じゃな

【26】

豚《ぶた》に真珠《しんじゅ》

どんなにすばらしいものでも……

今日《きょう》はお父《とう》さんの誕生日《たんじょうび》です。プレゼントとして、クラスで大流行《だいりゅうこう》している、キラキラのラメ入《い》りシールを買《か》いました。きっとお父《とう》さんも喜《よろこ》んでくれるでしょう。ところが、包《つつ》み紙《がみ》を開《あ》けたお父《とう》さんは、何《なん》だか複雑《ふくざつ》そうな表情《ひょうじょう》をしています。せっかく、お店《みせ》で一番《いちばん》かわいいシールを選《えら》んだのに、気《き》に入《い》らなかったのでしょうか？

どれだけ高価《こうか》な真珠《しんじゅ》でも、豚《ぶた》にとってはただの丸《まる》い玉《たま》。あげた人《ひと》は損《そん》をするだけだし、もらった豚《ぶた》も困《こま》ります。**豚《ぶた》に真珠《しんじゅ》**は、**値打《ねう》ち**

私が買ってもらったブランド魔女ぼうしー！
ムキー
おぬしにブランド品なんて豚に真珠じゃ！
同じ意味のことわざに「猫に小判」があるんだって

がわからない人《ひと》には、どんなに価値《かち》のあるものをあげても意味《いみ》がないということを表《あらわ》すことわざです。最初《さいしょ》にこの言葉《ことば》を使《つか》ったのは、イエス・キリストでした。「犬《いぬ》に聖《せい》なるものを、豚《ぶた》に真《しん》珠《じゅ》をあたえてはならない」と言《い》ったことが由来《ゆらい》です。

　大人《おとな》の男性《だんせい》であるお父《とう》さんに、キラキラシールのすばらしさはわからなかったのですね。

【27】まかぬ種《たね》は生《は》えぬ

努力《どりょく》なしに成功《せいこう》はなし！

高校《こうこう》三年生《ねんせい》になるお姉《ねえ》ちゃんはとても努力家《どりょくか》です。行《い》きたい大学《だいがく》があるから、と、毎日勉強《まいにちべんきょう》しています。そして口《くち》ぐせのように「まかぬ種《たね》は生《は》えないんだから、しっかり勉強《べんきょう》しないと」と言《い》うのです。

まかぬ種《たね》は生《は》えぬは、江戸時代《えどじだい》に作《つく》られたいろはかるたの上方版《かみがたばん》に収《おさ》められていることわざです。

当《あ》たり前《まえ》のことですが、種《たね》をまいていない畑《はたけ》から、芽《め》が出《で》ることはありません。芽《め》＝結果《けっか》とは、種《たね》＝原因《げんいん》や理由《りゆう》があるからこそ、生《う》み出《だ》されるものです。もちろん、がんばったけれど失敗《しっぱい》してしまったということもあるはず。しかし一《ひと》つだけいえるのは、努力《どりょく》や挑戦《ちょうせん》をまったくせずに、成功《せいこう》した人《ひと》はいないということです。

　ちなみにお姉《ねえ》さんは、みごとに努力《どりょく》を実《みの》らせ、行《い》きたかった大学《だいがく》に入学《にゅうがく》しました。小《ちい》さな種《たね》が大《おお》きな花《はな》をさかせたのですね。

【28】やぶを突《つ》いて蛇《へび》を出《だ》す

よけいなことをしたばっかりに……

今日《きょう》は、小学生《しょうがくせい》の間《あいだ》で大流行《だいりゅうこう》しているゲームの発売日《はつばいび》です。でも、誕生日《たんじょうび》やクリスマスは、当分《とうぶん》やってきません。そこで、どうにかして自分《じぶん》がゲームを欲《ほ》しがっていることをアピールしようと、お母《かあ》さんの前《まえ》で「えいっ」「行《い》けっ」「そこだ！」など、大声《おおごえ》を出《だ》してゲームをしてみました。

すると、お母《かあ》さんはこちらへやってきて言《い》いました。

「もう、ゲームばっかりして！　今日《きょう》の宿題《しゅくだい》は終《お》わったの？」

草木《くさき》が生《お》いしげったやぶの中《なか》には、もしかしたら暴《あば》れヘビが住《す》んでいるかもしれません。そんな場所《ばしょ》をつつくだなんて、自分《じぶん》からヘビにかまれに行《い》っているようなものです。このことから、**自分《じぶん》からよけいなことをして不運《ふうん》にあうこと**を、**やぶを突《つつ》いて蛇《へび》を出《だ》す**というようになりました。

今回《こんかい》、やぶから出《で》てきたのは「お母《かあ》さんのいかり」というこわいヘビ。ゲームはやっぱり、誕生日《たんじょうび》やクリスマスまでおあずけです。

クイズ テストの時間《じかん》じゃ①

レベル1 正《ただ》しいことわざ生物《せいぶつ》はどっち？

　AとBの2枚《まい》のイラストのうち、どちらかは「あることわざ」を表《あらわ》しているぞ。AとBのどちらが正《ただ》しいイラストか答《こた》えるんじゃ！

ヒント は、もととなることわざを表《あらわ》しているよ。○の中《なか》にはひらがなが入《はい》るよ。

第《だい》1問《もん》

ヒント ○○○みみに○○○○

第《だい》2問《もん》

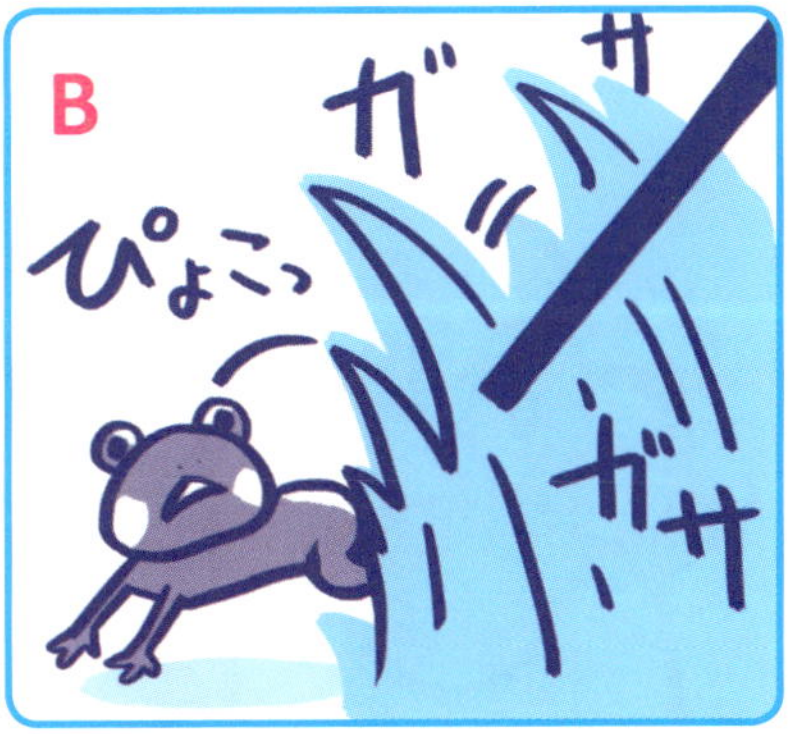

ヒント ○○をつついて○○○だす

第《だい》3問《もん》

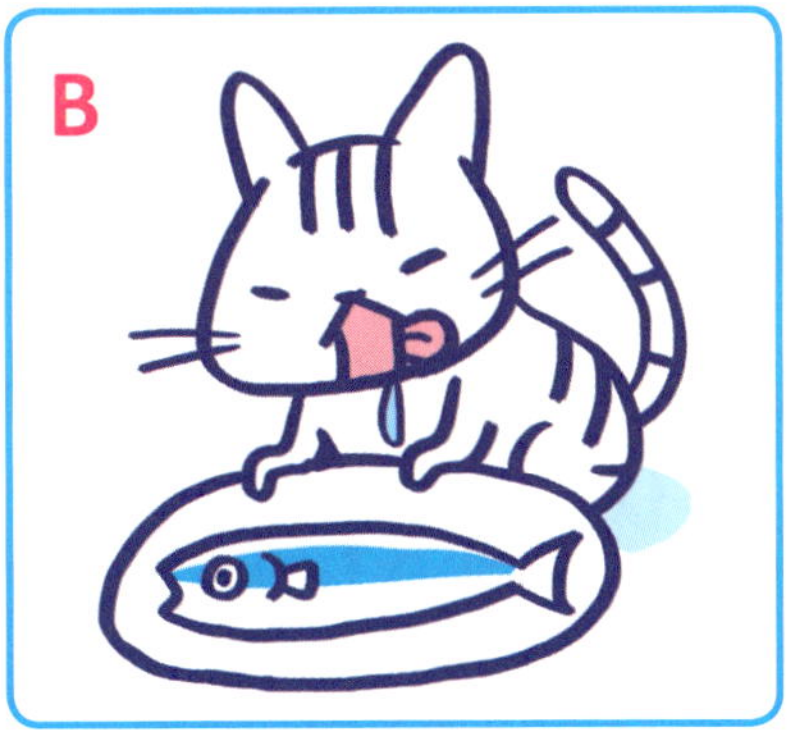

ヒント ○○に○○○○○

第《だい》4問《もん》

ヒント　さるも○○○○○○

第《だい》5問《もん》

ヒント　ぶた○○○○○

答《こた》えは76ページに！

レベル 2

「意味《いみ》」からことわざ生物《せいぶつ》を探《さが》せ！

　これからおぬしたちに、ことわざの「意味《いみ》」を見《み》せるぞ。それぞれの意味《いみ》を表《あらわ》すことわざに出《で》てくる生物《せいぶつ》を、75ページの中《なか》から選《えら》んで、記号《きごう》で答《こた》えるんじゃ！

ことわざに出《で》てこない生《い》き物《もの》もいるから気《き》をつけてね。

第《だい》1問《もん》

いくつかのものを比《くら》べたときに、
飛《と》びぬけてすばらしいものがないこと。

第《だい》2問《もん》

自分《じぶん》に好《す》きだという気持《きも》ちを示《しめ》してくれる相手《あいて》を、
こころよく受《う》け入《い》れること。

第《だい》3問《もん》

長年《ながねん》かわいがり、面倒《めんどう》を見《み》てきた人《ひと》に
裏切《うらぎ》られること。

第《だい》4問《もん》

成功《せいこう》したいならば、それと同《おな》じくらい大《おお》きな
危険《きけん》や試練《しれん》を乗《の》りこえなくてはならないこと。

第《だい》5問《もん》

一《ひと》つの場所《ばしょ》や考《かんが》えにとらわれていると、
さまざまなものの見方《みかた》ができなくなること。

第《だい》6問《もん》

お年寄《としよ》りが人生《じんせい》を通《つう》じて身《み》につけてきた
知恵《ちえ》や経験《けいけん》は何物《なにもの》にもかえがたいということ。

答《こた》えは76ページに！

テストの答《こた》え

レベル1

第《だい》1問《もん》　B

馬《うま》の耳《みみ》に念仏《ねんぶつ》

第《だい》2問《もん》　A

やぶを突《つつ》いて蛇《へび》を出《だ》す

第《だい》3問《もん》　A

猫《ねこ》にかつお節《ぶし》

第《だい》4問《もん》　B

猿《さる》も木《き》から落《お》ちる

第《だい》5問《もん》　A

豚《ぶた》に真珠《しんじゅ》

レベル2

第《だい》1問《もん》　I　ドングリ（どんぐりの背比《せいくら》べ）

第《だい》2問《もん》　E　魚《さかな》（魚心《うおごころ》あれば水心《みずごころ》）

第《だい》3問《もん》　B　犬《いぬ》（飼《か》い犬《いぬ》に手《て》をかまれる）

第《だい》4問《もん》　C　トラ（虎穴《こけつ》に入《い》らずんば虎児《こじ》を得《え》ず）

第《だい》5問《もん》　F　カエル（井《い》の中《なか》の蛙大海《かわずたいかい》を知《し》らず）

第《だい》6問《もん》　G　カメ（亀《かめ》の甲《こう》より年《とし》の劫《こう》）

数《かず》・色《いろ》にまつわることわざ

はるか昔《むかし》から「一」は「一」であり、
「青《あお》」は「青《あお》」じゃった
つまり数《かず》や色《いろ》は、時代《じだい》が変《か》わっても
変化《へんか》することのないものなんじゃな
次《つぎ》はそんな数《かず》と色《いろ》のことわざを
勉強《べんきょう》するぞ

【29】青《あお》は藍《あい》より出《い》でて藍《あい》より青《あお》し

先生《せんせい》をこえた弟子《でし》をほめたたえる

アメリカの大《だい》リーグチームに入《はい》ることになった野球選手《やきゅうせんしゅ》の小学校《しょうがっこう》時代《じだい》のコーチが、新聞《しんぶん》の取材《しゅざい》に答《こた》えてこう言《い》いました。

「**青《あお》は藍《あい》より出《い》でて藍《あい》より青《あお》し**ですね。彼《かれ》をほこりに思《おも》います」

あお、あい、あい、あお……何《なん》だか不思議《ふしぎ》なリズムの言葉《ことば》です。

青《あお》は藍《あい》より出《い》でて藍《あい》より青《あお》しとは、**生徒《せいと》が先生《せんせい》より大《おお》きな実力《じつりょく》を身《み》につけ、先生《せんせい》を追《お》いこしてしまった様子《ようす》**を表《あらわ》します。

アイとは、青色《あおいろ》の原料《げんりょう》となる植物《しょくぶつ》です。不思議《ふしぎ》なことに、原料《げんりょう》のアイの色《いろ》よりも、できあがった青色《あおいろ》のほうが、ずっと青《あお》みがこくなります。このことから「先生《せんせい》をこえた生徒《せいと》」を「原《げん》料《りょう》のアイよりもこくなった青《あお》」にたとえたことわざが生《う》まれました。古代中国《こだいちゅうごく》の思想《しそう》家《か》、荀子《じゅんし》の言葉《ことば》が由来《ゆらい》となったとされていますが、もともとは「生《う》まれ持《も》った性質《せいしつ》は勉《べん》強《きょう》や努力《どりょく》で乗《の》りこえられる」という意味《いみ》だったそうです。

【30】悪事《あくじ》千里《せんり》を走《はし》る

悪《わる》いことはうわさになりやすい

親戚《しんせき》が集《あつ》まり、食事会《しょくじかい》を開《ひら》いたときのことです。おじいちゃんやおばあちゃん、おじさんにおばさん、いとこ……来《く》る人《ひと》来《く》る人《ひと》に、「夏休《なつやす》みの宿題《しゅくだい》が終《お》わらなくて、家族《かぞく》みんなで徹夜《てつや》したんだっ

何じゃみんなうわさしおって!
ケチだから
コトばあは町でも有名だったよね

て？」と聞《き》かれました。本当《ほんとう》のことでしたが、恥《は》ずかしくてしかたありません。お母《かあ》さんは、おばあちゃんにしか話《はな》していないといいます。なぜこんなにたくさんの人《ひと》が、この話《はなし》を知《し》っているのでしょう。

だれかが悪《わる》いことをしたというニュースは、あっというまにたくさんの人《ひと》に広《ひろ》まってしまう……このことを**悪事千里《あくじせんり》を走《はし》る**といいます。かつて中国《ちゅうごく》で書《か》かれた『北夢瑣言《ほくむさげん》』という本《ほん》（内容《ないよう》は、今《いま》でいう「有名人《ゆうめいじん》のエピソード集《しゅう》」だったそうです）の中《なか》にある「好事不出門、悪事行千里」という一文《いちぶん》が由来《ゆらい》です。現代語《げんだいご》にすると、「いい行《おこな》いをしても、その話《はなし》はなかなか広《ひろ》まらないけれど、悪《わる》い行《おこな》いはすぐに広《ひろ》まる」という意味《いみ》になります。

話題《わだい》にならなくとも、ふだんからいい行《おこな》いをしたいものですね。

【31】当《あ》たるも八卦《はっけ》当《あ》たらぬも八卦《はっけ》

うらないは「絶対《ぜったい》」じゃない！

朝《あさ》、テレビや新聞《しんぶん》でうらないをチェックしてから学校《がっこう》へ行《い》く、という人《ひと》も多《おお》いのではありませんか？　うらないは「絶対《ぜったい》に当《あ》たる！」というものではありません。「がんばってね」「気《き》をつけてね」などと、背中《せなか》をおしてくれる言葉《ことば》、と考《かんが》えておくのがいいでしょう。

「このうらないはどういう意味《いみ》だろう……」と考《かんが》えすぎて、身動《みうご》きがとれなくなってしまうのは考《かんが》えものです。

八卦《はっけ》とは、易《えき》といううらないで使《つか》われる言葉《ことば》です。そこから、**当《あ》**

たるも八卦《はっけ》当《あ》たらぬも八卦《はっけ》は、うらないは当《あ》たるときもあれば当《あ》たらないときもあるものだから、あまり気《き》にしすぎてはいけない、という意味《いみ》のことわざになりました。

うらないだけでなく、おみくじやおまじないの結果《けっか》が気《き》になってしまったときにも、このことわざを思《おも》い出《だ》してみてください。

【32】

石《いし》の上《うえ》にも三年《さんねん》

がまんすることの大切《たいせつ》さ

日本の科学者《かがくしゃ》が、世界的《せかいてき》に有名《ゆうめい》な賞《しょう》をとりました。若《わか》いころから続《つづ》けていた研究《けんきゅう》が、年《とし》をとってようやく形《かたち》になったそうです。

「石《いし》の上《うえ》にも三年《さんねん》ですね。あきらめないでよかったです」

テレビや新聞《しんぶん》のインタビューで、科学者《かがくしゃ》はそう話《はな》しました。

石《いし》の上《うえ》にも三年《さんねん》とは、**困難《こんなん》なことでも、がまんして続《つづ》けていれば、きっと成功《せいこう》できる**ということを意味《いみ》することわざです。どんなに冷《つめ》たい石《いし》でも、長《なが》い時間座《じかんすわ》り続《つづ》けていれば、自分《じぶん》の体温《たいおん》が移《うつ》って温《あたた》かくなります。あきらめないこと、根気強《こんきづよ》く続《つづ》けることの大切《たいせつ》さを教《おし》えてくれる言葉《ことば》です。

ちなみにこのことわざには「茨《いばら》の中《なか》にも三年《さんねん》」「火《ひ》の中《なか》にも三年《さんねん》」などのバリエーションがあります。

ぜひ調《しら》べてみてください。

【33】

一《いち》難《なん》去《さ》ってまた一《いち》難《なん》

次々《つぎつぎ》と災難《さいなん》が……

今日《きょう》は、マーチングバンド部《ぶ》の発表会《はっぴょうかい》。本番直前《ほんばんちょくぜん》、念入《ねんい》りにドラムをたたいていると、突然《とつぜん》バリッと音《おと》がして、表面《ひょうめん》が破《やぶ》れてしまいました！　これでは、本番《ほんばん》に出《で》ることはできません。すると先生《せんせい》が「リコーダーなら人数《にんずう》も増《ふ》やせるし、今《いま》からでもふけるでしょう」と、楽器《がっき》を貸《か》してくれました。ホッと一安心《ひとあんしん》です。

ところがいざ本番《ほんばん》が始《はじ》まると、リコーダーが「ピー」「ヒョロ～」と、みんなとずれた音《おと》を発《はっ》し始《はじ》めました。これもこわれていたので

す。お客《きゃく》さんは笑《わら》うし、恥《は》ずかしいし、もうさんざんです。

このように、**試練《しれん》が終《お》わったあとにまた試練《しれん》がやってくることを、一難《いちなん》去《さ》ってまた一難《いちなん》**といいます。「一難《いちなん》」は文字通《もじどお》り、一《ひと》つの困難《こんなん》や災難《さいなん》を表《あらわ》す言《こと》葉《ば》です。ドラムがこわれた上《うえ》に、さらにこわれたリコーダーを借《か》りてしまったなんて、試練《しれん》にほかなりませんよね。

こんなふうにツイていない日《ひ》は、次《つぎ》の一難《いちなん》はもうないと信《しん》じて、気持《きも》ちを切《き》りかえましょう。

【34】一《いち》を聞《き》いて十《じゅう》を知《し》る

理解《りかい》の早《はや》い、かしこい人《ひと》

古代中国《こだいちゅうごく》の有名《ゆうめい》な思想家《しそうか》であり、哲学者《てつがくしゃ》でもある孔子《こうし》の言葉《ことば》を集《あつ》めた『論語《ろんご》』という本《ほん》があります。

その中《なか》で孔子《こうし》の弟子《でし》が、兄弟弟子《きょうだいでし》の顔回《がんかい》という人《ひと》について、「顔回《がんかい》は一を聞《き》くと十を理解《りかい》するけれど、私《わたし》は一を聞《き》いても、二くらいしか理解《りかい》することができません」と言《い》い、孔子《こうし》もそれに賛成《さんせい》した、という話《はなし》が収《おさ》められています。

この話《はなし》からできたのが、**一《いち》を聞《き》いて十《じゅう》を知《し》る**ということわざです。

話《はなし》の一部《いちぶ》を聞《き》いただけで、物事《ものごと》の全体《ぜんたい》を理解《りかい》することができるくらいかしこい人《ひと》のことを意味《いみ》します。

たとえば「昨日《きのう》、あの子《こ》とケンカしちゃって」と言《い》っただけで、「仲直《なかなお》りがしたいんだね。じゃあ、二人《ふたり》の間《あいだ》に入《はい》って、それぞれの意見《いけん》をもう一度《ど》聞《き》いてあげる」というように、こちらがたのみたいことに気《き》がついて、解決策《かいけつさく》まで考《かんが》えてくれる友《とも》だちは、まさに一《いち》を聞《き》いて十《じゅう》を知《し》る人《ひと》。よく観察《かんさつ》して、いいところを真似《まね》してみましょう。

【35】一寸先《いっすんさき》は闇《やみ》

未来《みらい》がわかる人《ひと》はいない

一寸先《いっすんさき》は闇《やみ》とは、**未来《みらい》はだれにもわからないということを意味《いみ》することわざ。**上方版《かみがたばん》いろはかるたに収《おさ》められています。

「寸《すん》」とは、メートル法《ほう》が広《ひろ》まる前《まえ》に使《つか》われていた、長《なが》さを表《あらわ》す単《たん》位《い》の一《ひと》つ。一寸《いっすん》＝約《やく》三センチですから、「一寸先《いっすんさき》は闇《やみ》」は「三センチ先《さき》すら見《み》えない」と訳《やく》すことができます。

真《ま》っ暗《くら》な場所《ばしょ》では、右《みぎ》に行《い》くか、左《ひだり》に行《い》くかも満足《まんぞく》に決《き》めることができません。少《すこ》し進《すす》んだら落《お》とし穴《あな》があるかもしれないし、足《あし》も

とにがけが広《ひろ》がっているかもしれません。危険《きけん》だと思《おも》うでしょうか？　でも、みなさんが歩《あゆ》んでいる人生《じんせい》という道《みち》も、このケースにとてもよく似《に》ています。

明日《あした》、自分《じぶん》の身《み》に何《なに》が起《お》こるのか予知《よち》できる人《ひと》はいません。どんなに先《さき》がわからなくても、必死《ひっし》に前《まえ》へ向《む》かって進《すす》もうとがんばることが大切《たいせつ》なのです。

【36】

一寸《いっすん》の虫《むし》にも五分《ごぶ》の魂《たましい》

どんなに小《ちい》さくても意地《いじ》はある！

部屋《へや》の中《なか》で、虫《むし》がぶ～んと飛《と》んでいます。小《ちい》さい虫《むし》だし、放《ほう》っておいても大丈夫《だいじょうぶ》だろうと思《おも》っていたら、いつのまにか体《からだ》のあちこちがさされ、かゆくなってしまいました。

「**一寸《いっすん》の虫《むし》にも五分《ごぶ》の魂《たましい》**なんだから、あまくみちゃだめよ」

ぬり薬《ぐすり》をぬりながら、お母《かあ》さんが笑《わら》いました。

五分《ごぶ》とは、一寸《いっすん》の半分《はんぶん》の長《なが》さを表《あらわ》します。どんなに小《ちい》さな虫《むし》にも、体《からだ》の大《おお》きさに合《あ》った「心《こころ》」があるのです。

そこから、小《ちい》さいものや弱《よわ》いもの、自分《じぶん》より立場《たちば》が下《した》の人《ひと》も、それぞれが意地《いじ》を持《も》っているのだから、決《けっ》してあまくみてはいけないという意味《いみ》のことわざが生《う》まれました。

とてもかゆかったのですが、虫《むし》に負《ま》けじと五分《ごぶ》の魂《たましい》を発揮《はっき》して、さされたところをかかないよう必死《ひっし》にがまんしたのでした。

この虫にも
五分の魂が…
早く外に
にがしてー!!

【37】

紺屋《こうや》の白袴《しろばかま》

自分《じぶん》のことはあと回《まわ》し

紺屋《こうや》とは、江戸時代《えどじだい》に使《つか》われていた言葉《ことば》で、染《そ》め物屋《ものや》さんのことを指《さ》します。お客《きゃく》さんの着物《きもの》やはかまを染《そ》める仕事《しごと》をしていながら、自分《じぶん》は白《しろ》いはかまをはいている……これはつまり、人《ひと》のものを染《そ》めるのにいっぱいいっぱいで、自分《じぶん》のはかまを染《そ》める時間《じかん》がないということを表《あらわ》しています。**紺屋《こうや》の白袴《しろばかま》**とは、**人《ひと》からたのまれたことをするのにいそがしくて、自分《じぶん》のことをするひまがない**ということを意味《いみ》することわざなのです。美容師《びようし》さんがボサボサの髪《かみ》のままでいる、シェフが家《いえ》ではレトルト食品《しょくひん》ばかり食《た》べているなど、いろいろな例《れい》が思《おも》い浮《う》かびますね。

一方《いっぽう》、この言葉《ことば》は最初《さいしょ》「紺屋《こうや》は、たとえ白《しろ》いはかまを着《き》ていようとも、一滴《てき》も青《あお》いシミをこぼさぬように仕事《しごと》をする」という、職人《しょくにん》のプライドを表《あらわ》すとされていたという説《せつ》もあります。

【38】三人寄《さんにんよ》れば文殊《もんじゅ》の知恵《ちえ》

協力《きょうりょく》すれば無敵《むてき》の頭脳《ずのう》に！

文殊《もんじゅ》とは、仏教《ぶっきょう》で知恵《ちえ》を支配《しはい》するといわれている菩薩《ぼさつ》（仏《ほとけ》に近《ちか》い存在《そんざい》）、文殊菩薩《もんじゅぼさつ》のことを指《さ》します。**三人寄《さんにんよ》れば文殊《もんじゅ》の知恵《ちえ》**とは、**特別優秀《とくべつゆうしゅう》ではないふつうの人《ひと》でも、三人集《にんあつ》まって考《かんが》えれば、文殊菩薩《もんじゅぼさつ》のようなすばらしい知恵《ちえ》を生《う》み出《だ》すことができる**という意味《いみ》のことわざです。

たとえば、勉強《べんきょう》が得意《とくい》だけれど、運動《うんどう》が苦手《にがて》なDくんと、運動《うんどう》が得意《とくい》だけれど、絵《え》をかくのが苦手《にがて》なEくん、そして絵《え》をかくのが得《とく》意《い》だけれど、勉強《べんきょう》が苦手《にがて》なFくんがいます。一人《ひとり》でできることは限《かぎ》られていますが、三人《にん》そろえば、それぞれ苦手《にがて》な分野《ぶんや》を補《おぎな》い合《あ》って、すばらしいものを作《つく》り出《だ》すことができるでしょう。

勉強《べんきょう》でも遊《あそ》びでも、一人《ひとり》で考《かんが》えてわからないことがあったら、だれかに声《こえ》をかけて、いっしょに考《かんが》えてもらってみてください。

今川焼き
あんこ　クリーム　まっ茶
クリーム おいしそうだよ！
やっぱり あんこじゃろ
ぼくは まっ茶……
文殊の知恵？

【39】朱《しゅ》に交《まじ》われば赤《あか》くなる

環境《かんきょう》が人《ひと》を変化《へんか》させる

朱色《しゅいろ》は、赤《あか》とオレンジの中間《ちゅうかん》くらいの色《いろ》です。朱色《しゅいろ》の染料《せんりょう》がたっぷりと入《はい》っているバケツに、真《ま》っ白《しろ》なTシャツをドボンとしずめたところを想像《そうぞう》してみてください。白《しろ》いTシャツは、ものの数分《すうふん》で、赤《あか》みがかったTシャツへと早変《はやが》わりしてしまうでしょう。

同《おな》じように、**人間《にんげん》も周囲《しゅうい》の環境《かんきょう》や、関《かか》わる人《ひと》たちによって、ものの考《かんが》え方《かた》や性格《せいかく》が左右《さゆう》されます。**これを**朱《しゅ》に交《まじ》われば赤《あか》くなる**といいます。三月《がつ》まで同《おな》じ小学校《しょうがっこう》に通《かよ》っていたふたごの兄弟《きょうだい》のうち、兄《あに》

は芸術《げいじゅつ》に力《ちから》を入《い》れている中学校《ちゅうがっこう》に、弟《おとうと》は運動《うんどう》に力《ちから》を入《い》れている中学校《ちゅうがっこう》に進学《しんがく》しました。すると、どうなったでしょう。兄《あに》は本《ほん》を読《よ》んだり、音楽《おんがく》を聞《き》いたりすることが多《おお》くなり、弟《おとうと》は筋力《きんりょく》トレーニングや、ジョギングをがんばるようになりました。

「こうなりたい！」と思《おも》う人《ひと》たちがいたら、自分《じぶん》から積極的《せっきょくてき》に交《まじ》わりに行《い》ってみましょう。気《き》づけば、自分《じぶん》もあこがれの色《いろ》に染《そ》まっているかもしれませんよ。

【40】

千里《せんり》の道《みち》も一歩《いっぽ》から

小《ちい》さなことから始《はじ》めよう

いつかかなえたい、大《おお》きな夢《ゆめ》があるのに「どうせ、自分《じぶん》には無理《むり》だろう」とあきらめてはいませんか？

かつて、老子《ろうし》という古代中国《こだいちゅうごく》の哲学者《てつがくしゃ》がこう言《い》いました。「腕《うで》でかかえるほど大《おお》きな木《き》は、毛《け》くらい細《ほそ》く小《ちい》さな芽《め》から成長《せいちょう》し、九階建《かいだ》ての建物《たてもの》も、入《い》れもの一ぱい分《ぶん》の土《つち》を積《つ》むことから始《はじ》まり、千《せん》里《り》の道《みち》のりは、足《あし》もとで一歩《ぽ》をふみ出《だ》すことから始《はじ》まる」

長《なが》い長《なが》い道《みち》を、一歩《ぽ》で歩《ある》ききってしまえる人《ひと》は存在《そんざい》しません。同《おな》じように、**大《おお》きな成功《せいこう》を手《て》にするためには、目《め》の前《まえ》にあるささやかな課題《かだい》を、一《ひと》つひとつクリアしていかなければならない**のです。

サッカー選手《せんしゅ》になりたい人《ひと》は、まずは毎日《まいにち》のパスやドリブル練習《れんしゅう》から、パティシエになりたい人《ひと》は、自分《じぶん》の作《つく》ったおかしでまわりの人《ひと》を喜《よろこ》ばせることから始《はじ》めるのがよさそうです。

なりたい自分《じぶん》になるためにも、**千里《せんり》の道《みち》も一歩《いっぽ》から**をいつも心《こころ》にとめておいてください。

【41】亭主《ていしゅ》の好《す》きな赤烏帽子《あかえぼし》

お父《とう》さんの言《い》うことは絶対《ぜったい》！

「うちでは、肉《にく》まんにソースをつけて食《た》べる」と言《い》ったら、友《とも》だちみんなにびっくりされました。

家《いえ》に帰《かえ》り、お母《かあ》さんに聞《き》いてみたら「お母《かあ》さんも結婚《けっこん》してからソースで食《た》べるようになったのよ」という、おどろきの答《こた》えが！

「だって、お父《とう》さんが肉《にく》まんにソースをかけていたんだもの」

烏帽子《えぼし》とは、平安時代《へいあんじだい》から江戸時代《えどじだい》にかけて、大人《おとな》の男性《だんせい》がかぶっていたぼうしです。たいていは黒《くろ》い色《いろ》で、赤《あか》いものをかぶっている

人《ひと》はほとんどいなかったそうです。けれど、父親《ちちおや》が強《つよ》い力《ちから》を持《も》っていたかつての日本では、父親《ちちおや》がこうと言《い》えば、家族《かぞく》もそれにしたがわなければいけませんでした。このことから、**家族《かぞく》みんなが一家《いっか》の主《あるじ》の好《この》みに合《あ》わせることを**、**亭主《ていしゅ》の好《す》きな赤烏帽子《あかえぼし》**というようになったのです。江戸版《えどばん》のいろはかるたにものっています。

とはいえ、今《いま》では「うちはお父《とう》さんよりお母《かあ》さんのほうが強《つよ》い！」という家《いえ》も多《おお》そうですね。

【42】

七転《ななころ》び八《や》起《お》き

何度《なんど》でも起《お》き上《あ》がることが大事《だいじ》

小学校《しょうがっこう》で図工《ずこう》を教《おし》えてくれている先生《せんせい》が、有名《ゆうめい》な絵画《かいが》コンクールで金賞《きんしょう》をとったというニュースが、子《こ》どもたちの間《あいだ》をかけめぐりました。おどろいて、みんなで聞《き》きに行《い》くと、先生《せんせい》は「先生《せんせい》をしながらも、ずっと絵《え》をかき続《つづ》けていて、ようやくコンクールに入選《にゅうせん》したの。**七転《ななころ》び八《や》起《お》き**でがんばっていてよかったわ」とはずかしそうに言《い》いました。

七転《ななころ》び八《や》起《お》きとは、「七回転《かいころ》んで、八回《かいお》起《お》きる」という字《じ》の通《とお》り、

何度《なんど》失敗《しっぱい》しても、あきらめずに挑戦《ちょうせん》し続《つづ》ける様子《ようす》を表《あらわ》すことわざです。また、すごくいいことがあったあとに、どん底《ぞこ》まで落《お》ちるようなことが起《お》きた……というような、うきしずみの激《はげ》しい人生《じんせい》のたとえにも使《つか》われます。

みんななりたいものや好《す》きなことがあったら、簡単《かんたん》にあきらめちゃだめだよ、という先生《せんせい》の言葉《ことば》に、子《こ》どもたちは真剣《しんけん》にうなずいたのでした。

【43】二階《にかい》から目薬《めぐすり》

遠回《とおまわ》りのしすぎは失敗《しっぱい》のもと?

テレビでフィギュアスケートを見《み》ていたら、自分《じぶん》もスケートを習《なら》いたくなりました。けれどお母《かあ》さんにたのんだら「どうせすぐあきるでしょ!」と言《い》われそうです。そこでお父《とう》さんに相談《そうだん》しましたが、お父《とう》さんは「お母《かあ》さんに伝《つた》えるよ」と言《い》ったきり、何《なに》もしてくれません。これぞまさしく、二階《にかい》から目薬状態《めぐすりじょうたい》。お父《とう》さんも、お母《かあ》さんのきげんをうかがいすぎて、話《はな》し合《あ》いすらしていないようです。

二階《にかい》から目薬《めぐすり》とは、**物事《ものごと》が思《おも》い通《どお》りに進《すす》まず歯《は》がゆく思《おも》う様子《ようす》や、**

遠回《とおまわ》りをして効果《こうか》が出《で》ない様子《ようす》を皮肉《ひにく》っぽく表《あらわ》したことわざで、上《かみ》方版《がたばん》いろはかるたにも収《おさ》められています。二階《かい》のベランダから、一階《かい》にいる人《ひと》に向《む》かって、目薬《めぐすり》をさすところを想像《そうぞう》してみてください。成功《せいこう》する確率《かくりつ》は、とても低《ひく》いのではないでしょうか。

結局《けっきょく》、お母《かあ》さんと直接話《ちょくせつはな》したら、あっさり体験《たいけん》クラスに行《い》かせてもらえることになりました。目薬《めぐすり》は、目《め》のすぐ近《ちか》くからさすほうが、ずっと上手《じょうず》にさせるものなのです。

【44】

二《に》度《ど》あることは三《さん》度《ど》ある

不《ふ》幸《こう》なことは次々《つぎつぎ》と……

登校中《とうこうちゅう》、通学路《つうがくろ》にある家《いえ》で飼《か》われている、ふだんはおとなしい犬《いぬ》をなでようとしたら、今日《きょう》に限《かぎ》ってほえられてしまいました。さらに放課後《ほうかご》、飼《か》い犬《いぬ》を散歩《さんぽ》に連《つ》れていこうとしたら、きげんの悪《わる》そうな顔《かお》でグルル、といかくされてしまったのです。一日《にち》で同《おな》じようなことが二度起《どお》こり、ぐったりしてしまいました。もうこんなことはないだろう……と思《おも》っていたら、

「犬《いぬ》と遊《あそ》ぶ前《まえ》に、宿題《しゅくだい》をするって約束《やくそく》でしょ！」

お母《かあ》さんに、まるで猛犬《もうけん》のような大声《おおごえ》でしかられたのでした。

このように、**同《おな》じことが二回《かい》起《お》きたあとに、再《ふたた》び似《に》たような災難《さいなん》にあうことを、二度《にど》あることは三度《さんど》ある**といいます。「もう大丈夫《だいじょうぶ》」と油断《ゆだん》をしているときほど、似《に》たような失敗《しっぱい》や、不運《ふうん》にあいやすいもの。常《つね》に気《き》をぬかないようにと、教《おし》えてくれることわざです。

【45】

早《はや》起《お》きは三文《さんもん》の得《とく》

少《すく》ないお金《かね》も、積《つ》もっていけば……

文《もん》とは、室町時代《むろまちじだい》から明治維新《めいじいしん》のころまで日本で使《つか》われていた、お金《かね》の単位《たんい》です。江戸時代《えどじだい》には、おそばが一ぱい十六文《もん》で売られていたそうですから、もしも早起《はやお》きするたびに三文《もん》もらえるとしたら、六日間毎日早起《かかんまいにちはやお》きすれば、おそばがただで食《た》べられる計算《けいさん》になりますね。

もちろん**早起《はやお》きは三文《さんもん》の得《とく》**は、早起《はやお》きすればお金《かね》がもらえる！ということではありません。**朝早《あさはや》く起《お》きれば、一日《にち》の中《なか》で、何《なに》か少《すこ》し**

いいことが起《お》きるはず。一日《にち》ずつの得《とく》は少《すこ》しでも、一年間《ねんかん》続《つづ》ければ、大《おお》きな成果《せいか》が手《て》に入《はい》るかもしれないのです。

朝《あさ》、二十分早起《ぷんはやお》きをして、算数《さんすう》の予習《よしゅう》を始《はじ》めることにしたGくん。たったの二十分《ぷん》ですが、毎日欠《まいにちか》かさず続《つづ》けたことで授業《じゅぎょう》がよくわかるようになり、みごと、テストで百点《てん》をとることができました。

さて、あなたは早起《はやお》きで、どんな得《とく》を手《て》に入《い》れられるでしょうか。

【46】

人《ひと》の噂《うわさ》も七十五日《しちじゅうごにち》

うわさ話《ばなし》はあきるのも早《はや》い

大人気《だいにんき》の女性《じょせい》アイドルが、有名《ゆうめい》スポーツ選手《せんしゅ》とデートしていた！という話題《わだい》が、朝《あさ》のワイドショーにとりあげられました。学校《がっこう》に行《い》くと、教室中《きょうしつじゅう》がその話題《わだい》でもちきりです。先生《せんせい》が「静《しず》かに！」とおこるほど盛《も》りあがりました。

ところがしばらくすると、だれもその話《はなし》をしなくなりました。まるで、そんな話《はなし》など最初《さいしょ》から存在《そんざい》しなかったようです。

うわさ話《ばなし》は、広《ひろ》がるスピードが早《はや》い一方《いっぽう》で、あきられるスピード

も早《はや》いものです。これをことわざで、**人《ひと》の噂《うわさ》も七十五《しちじゅうご》日《にち》**といいます。七十五日《にち》とは「長《なが》くてもこのくらい」という目安《めやす》のようなもので、数字自体《すうじじたい》に深《ふか》い意味《いみ》はありません。

もし、クラスなどで自分《じぶん》のうわさ話《ばなし》をされても、すぐに忘《わす》れられてしまうのですから、気《き》にしないようにしましょうね。

【47】

百聞《ひゃくぶん》は一見《いっけん》に如《し》かず

経験《けいけん》にかなうものはなし

理科《りか》の授業《じゅぎょう》で、ミカヅキモなどのプランクトンについて勉強《べんきょう》しました。自分《じぶん》の目《め》では見《み》えない小《ちい》さな生物《せいぶつ》に、クラスのみんなは興味《きょうみ》津々《しんしん》です。そこで先生《せんせい》が顕微鏡《けんびきょう》をとり出《だ》し、プランクトンを見《み》せてくれることになりました。

人《ひと》からどれだけくわしい話《はなし》を聞《き》いたとしても、実際《じっさい》に自分《じぶん》の目《め》で見《み》たり、経験《けいけん》したりしなければ、わからないことはたくさんあります。このことわざは、昔《むかし》の中国《ちゅうごく》の将軍《しょうぐん》が「百聞《ひゃくぶん》は一見《いっけん》に如《し》かず。遠《とお》

く離《はな》れたところにいては、戦《いくさ》のことはわからない。様子《ようす》を探《さぐ》りに行《い》かせてください」と言《い》ったことから生《う》まれたそうです。

さっそく、顕微鏡《けんびきょう》でプランクトンを見《み》たクラスメイトたち。あちこちでおどろきの声《こえ》があがっています。そのあとに行《おこな》われたプランクトンについてのテストでは、みんな高得点《こうとくてん》をとりました。まさに**百聞《ひゃくぶん》は一見《いっけん》に如《し》かず**だったわけです。

【48】

仏《ほとけ》の顔《かお》も三度《さんど》

笑《わら》って許《ゆる》すのは三回《かい》まで！

上方版《かみがたばん》いろはかるたに収《おさ》められていることわざの一《ひと》つです。どんなに情《なさ》け深《ぶか》く、おだやかな性格《せいかく》の仏《ほとけ》でも、顔《かお》を遠慮《えんりょ》なくなで回《まわ》されたらどう思《おも》うでしょう。一度《ど》や二度《ど》はがまんできても、三度目《どめ》、四度目《どめ》になったら、さすがにおこってしまうのではないでしょうか。

どんなに温厚《おんこう》な人《ひと》でも、何度《なんど》も失礼《しつれい》なことをされたら、頭《あたま》にきてしまう……これを**仏《ほとけ》の顔《かお》も三度《さんど》**といいます。

「あの子《こ》は絶対《ぜったい》におこらないから、大丈夫《だいじょうぶ》」なんて言《い》って、優《やさ》しい友《とも》だちとの約束《やくそく》を破《やぶ》ったり、遅刻《ちこく》をくり返《かえ》したりしていませんか？
気《き》づいたときには、三度《ど》しかない仏《ほとけ》の顔《かお》を使《つか》い切《き》ってしまっている
かもしれませんよ。

【49】

三《み》つ子《ご》の魂百《たましいひゃく》まで

大人《おとな》になっても変《か》わらない

お母《かあ》さんは、とてもそそっかしい人《ひと》です。買《か》いものにさいふを忘《わす》れて出《で》かけるなんてことはしょっちゅうですし、遠足《えんそく》や運動会《うんどうかい》のお弁当《べんとう》におはしを入《い》れるのを忘《わす》れ、困《こま》らされたことも一度《ど》や二度《ど》ではありません。そんなお母《かあ》さんの様子《ようす》を見《み》たおばあちゃんは、

「あの子《こ》は昔《むかし》からそそっかしかったからね。三《み》つ子《ご》の魂百《たましいひゃく》までだよ」

とため息《いき》をつきました。

三《み》つ子《ご》の魂百《たましいひゃく》までとは、**小《ちい》さいころに作《つく》られた性格《せいかく》は、どんなに**

年《とし》をとっても変《か》わらないという意味《いみ》のことわざです。三《み》つ子《ご》とは「同時《どうじ》に生《う》まれた三人兄弟《にんきょうだい》」という意味《いみ》ではありません。年《とし》が三つの子《こ》、つまり小《ちい》さい子《こ》のことを指《さ》しています。同《おな》じように、百という数字《すうじ》も、年《とし》をとったという意味《いみ》で使《つか》われています。

そうか、子《こ》どものころからああだったのか……。そう考《かんが》えると、お母《かあ》さんがまるで小《ちい》さな子《こ》どものように見《み》えてきて、おかしくなってしまったのでした。

【50】桃栗三年柿八年《ももくりさんねんかきはちねん》

成功《せいこう》までには時間《じかん》がかかる

おじいちゃんは、だれかが何《なに》かを始《はじ》めようとするときに必《かなら》ず「**桃栗三年柿八年**《ももくりさんねんかきはちねん》なんだから、がんばれよ」とはげましています。モモ、クリ、カキ。一見《いっけん》、自分《じぶん》とは何《なん》の関係《かんけい》もないように思《おも》えるのですが、どういう意味《いみ》なのでしょう。

モモとクリは、種《たね》をまいてから約《やく》三年《ねん》、カキは約《やく》八年《ねん》で実《み》をつけるようになります。食《た》べられるようになるまで、ずいぶん時間《じかん》がかかりますね。同《おな》じように、**何《なに》かを始《はじ》めたら、その成果《せいか》が出《で》るまでに**

はそれなりの時間《じかん》がかかります。またその間《あいだ》、一生懸命《いっしょうけんめい》に努力《どりょく》をしなければいけません。桃栗三年柿《ももくりさんねんかき》八年《はちねん》は、人《ひと》の成功《せいこう》までの道《みち》のりを、植物《しょくぶつ》の成長《せいちょう》にたとえたことわざなのです。

「柚子《ゆず》は九年《きゅうねん》になりかかる」「柚子《ゆず》の大馬鹿《おおばか》三十年《さんじゅうねん》」「梅《うめ》は酸《す》いとて十《じゅう》八《はち》（十三《じゅうさん》）年《ねん》」などの言葉《ことば》が続《つづ》くこともあるそうですが、ユズやウメは収穫《しゅうかく》までにそんなに時間《じかん》はかからないそうです。

クイズ

テストの時間《じかん》じゃ②

レベル1 できるかな？ ことわざ計算《けいさん》

これから出《で》てくることわざには、すべて数字《すうじ》が入《はい》っているぞ。□に入《はい》る数字《すうじ》と、その数字《すうじ》を使《つか》った計算問題《けいさんもんだい》を解《と》いてみよ！

第《だい》1問《もん》

石《いし》の上《うえ》にも[ア]年《ねん》

人《ひと》のうわさも[イ]日《にち》

計算《けいさん》：[ア]＋[イ]＝

第《だい》2問《もん》

当《あ》たるも[ウ]卦《け》当《あ》たらぬも[エ]卦《け》

計算《けいさん》：[ウ]×[エ]＝

第《だい》3問《もん》

[オ]難《なん》去《さ》ってまた[カ]難《なん》

悪事《あくじ》[キ]里《り》を走《はし》る

計算《けいさん》：[オ]－[カ]＋[キ]＝

第《だい》4問《もん》

[ク]度《ど》あることは[ケ]度《ど》ある

早起《はやお》きは[コ]文《もん》の得《とく》

計算《けいさん》：[ク]×[ケ]×[コ]＝

第《だい》5問《もん》

桃栗《ももくり》[サ]年柿《ねんかき》[シ]年《ねん》

計算《けいさん》：[シ]－[サ]＝

第《だい》6問《もん》

[ス]聞《ぶん》は[セ]見《けん》に如《し》かず

[ソ]転《ころ》び[タ]起《お》き

計算《けいさん》：[ス]×[セ]＋[ソ]＋[タ]＝

答《こた》えは126ページに！

レベル2

ごちゃまぜことわざを分解《ぶんかい》せよ！

おっとっと！ 2つのことわざがまざって、意味《いみ》のわからない文章《ぶんしょう》になってしまったようじゃ。おぬしはもとに戻《もど》すことができるかな？

ヒント は、ひらがなで数《かぞ》えたときの文字数《もじすう》だよ

第《だい》1問《もん》

こうやさんにのんしよればろ
もんじゅばかまのちえ

↓ ↓

① ＿＿＿＿＿＿＿＿ ヒント 9文字《もじ》

② ＿＿＿＿＿＿＿＿ ヒント 14文字《もじ》

第《だい》2問《もん》

ていいちをしゅきいてのすきな
じゅうあかをえぼししる

↓ ↓

① ＿＿＿＿＿＿＿＿ ヒント 13文字《もじ》

② ＿＿＿＿＿＿＿＿ ヒント 12文字《もじ》

第《だい》 3 問《もん》

にかしゅいにからまじわ
めればぐあかくすりなる

↓ ↓

① ＿＿＿＿＿＿＿＿ ヒント 9文字《もじ》

② ＿＿＿＿＿＿＿＿ ヒント 13文字《もじ》

第《だい》 4 問《もん》

あいっすおんはあのいむしよりにもい
でごぶてあのいたよりましあおしい

↓ ↓

① ＿＿＿＿＿＿＿＿ ヒント 17文字《もじ》

② ＿＿＿＿＿＿＿＿ ヒント 16文字《もじ》

第《だい》 5 問《もん》

みいっつすごんのたまさき
しいはひゃくやまみで

↓ ↓

① ＿＿＿＿＿＿＿＿ ヒント 13文字《もじ》

② ＿＿＿＿＿＿＿＿ ヒント 9文字《もじ》

答《こた》えは 126 ページに！

テストの答《こた》え

レベル1

第《だい》1問《もん》　ア：3　イ：75　計算《けいさん》の答《こた》え：78

第《だい》2問《もん》　ウ：8　エ：8　計算《けいさん》の答《こた》え：64

第《だい》3問《もん》　オ：1　カ：1　キ：1000　計算《けいさん》の答《こた》え：1000

第《だい》4問《もん》　ク：2　ケ：3　コ：3　計算《けいさん》の答《こた》え：18

第《だい》5問《もん》　サ：3　シ：8　計算《けいさん》の答《こた》え：5

第《だい》6問《もん》　ス：100　セ：1　ソ：7　タ：8　計算《けいさん》の答《こた》え：115

レベル2

第《だい》1問《もん》
①こうやのしろばかま（紺屋《こうや》の白袴《しろばかま》）
②さんにんよればもんじゅのちえ（三人《さんにん》寄《よ》れば文殊《もんじゅ》の知恵《ちえ》）

第《だい》2問《もん》
①ていしゅのすきなあかえぼし（亭主《ていしゅ》の好《す》きな赤烏帽子《あかえぼし》）
②いちをきいてじゅうをしる（一《いち》を聞《き》いて十《じゅう》を知《し》る）

第《だい》3問《もん》
①にかいからめぐすり（二階《にかい》から目薬《めぐすり》）
②しゅにまじわればあかくなる（朱《しゅ》に交《まじ》われば赤《あか》くなる）

第《だい》4問《もん》
①あおはあいよりいでてあいよりあおし
（青《あお》は藍《あい》より出《い》でて藍《あい》より青《あお》し）
②いっすんのむしにもごぶのたましい（一寸《いっすん》の虫《むし》にも五分《ごぶ》の魂《たましい》）

第《だい》5問《もん》
①みつごのたましいひゃくまで（三《み》つ子《ご》の魂百《たましいひゃく》まで）
②いっすんさきはやみ（一寸先《いっすんさき》は闇《やみ》）

心《こころ》・動《うご》きにまつわることわざ

いよいよ、修行《しゅぎょう》も終《お》わりに近《ちか》いの
最後《さいご》は、人《ひと》の心《こころ》の動《うご》きや、行動《こうどう》が
出《で》てくることわざを学《まな》んでいこう
難《むずか》しい言葉《ことば》が出《で》てきたら
そのままにせず、
辞書《じしょ》をひくのじゃぞ！

【51】案《あん》ずるより産《う》むが易《やす》し

思《おも》い悩《なや》むより動《うご》くべし

今日《きょう》の学級活動《がっきゅうかつどう》の時間《じかん》に、次《つぎ》の学級委員《がっきゅういいん》をだれにするかが話《はな》し合《あ》われました。すると予想《よそう》もしていなかったことに自分《じぶん》が学級委員《がっきゅういいん》に推薦《すいせん》されたのです。先生《せんせい》は「一日考《にちかんが》えて、引《ひ》き受《う》けるかどうかを決《き》めてくださいね」と言《い》ってくれました。

このことをお母《かあ》さんに相談《そうだん》すると、こう言《い》われました。

「やってみたら？ **案《あん》ずるより産《う》むが易《やす》し**っていうじゃない」

男《おとこ》の自分《じぶん》には、子《こ》どもは産《う》めません。いったいどういう意味《いみ》なの

かと、首《くび》をかしげてしまいました。

出産《しゅっさん》は、みんなが心配《しんぱい》しているよりもスムーズにすむ場合《ばあい》が多《おお》いものです。このことから、**起《お》こってもいないことを不安《ふあん》に思《おも》うくらいなら、とりあえず行動《こうどう》してみれば思《おも》いのほかうまくいくものだ**という意味《いみ》の、案《あん》ずるより産《う》むが易《やす》しということわざが誕生《たんじょう》しました。「産《う》む」を「生《う》む」、「易《やす》し」を「安《やす》い」ということもあります。

次《つぎ》の日《ひ》、学級委員《がっきゅういいん》になるとクラスのみんなに言《い》ったところ、大《おお》きな拍手《はくしゅ》と喜《よろこ》びの声《こえ》を受《う》け、とてもうれしい気持《きも》ちになったのでした。

【52】

石橋《いしばし》をたたいて渡《わた》る

用心《ようじん》に用心《ようじん》を重《かさ》ねる

友《とも》だちのHくんは、とっても慎重《しんちょう》な性格《せいかく》の男《おとこ》の子《こ》です。宿題《しゅくだい》をすれば、自分《じぶん》の答《こた》えが本当《ほんとう》に正《ただ》しいか何回《なんかい》も見直《みなお》しをするし、サッカークラブの試合《しあい》が近《ちか》づいてくると、パス練習《れんしゅう》やシュート練習《れんしゅう》を何度《なんど》もくり返《かえ》します。

Hくんのような人《ひと》を、**石橋《いしばし》をたたいて渡《わた》る**人《ひと》といいます。**用心深《ようじんぶか》く、慎重《しんちょう》に物事《ものごと》を進《すす》める様子《ようす》**を、丈夫《じょうぶ》な石橋《いしばし》を見《み》て「割《わ》れたりしないかな？」と不安《ふあん》がる様子《ようす》に重《かさ》ねているのです。

早《はや》く終《お》わらせたいから、面倒《めんどう》くさいからと、確認《かくにん》もせずに物事《ものごと》を進《すす》めるのはとても危険《きけん》なこと。失敗《しっぱい》や事故《じこ》を防《ふせ》ぐためにも、石橋《いしばし》をたたくのは大切《たいせつ》なことなのです。

とはいえ、石橋《いしばし》もたたきすぎると手《て》や腕《うで》を痛《いた》くしたり、橋自体《はしじたい》を傷《きず》つけてしまうこともあるかもしれません。何事《なにごと》も、ほどほどのバランスでいることが大切《たいせつ》です。

ブン
この橋こわれた！
あぶないよ！
フミは
慎重じゃなくて
だいたんだよね
あああ

【53】医者《いしゃ》の不養生《ふようじょう》

知識《ちしき》ばかりがあっても……

お医者《いしゃ》さんは、みんなの健康《けんこう》を守《まも》ってくれる、とても大切《たいせつ》な職業《しょくぎょう》です。最近《さいきん》ではテレビや雑誌《ざっし》などに出《で》て「○○をするととても健康《けんこう》にいい」などとアドバイスするお医者《いしゃ》さんも増《ふ》えてきましたね。

では、お医者《いしゃ》さんになる人《ひと》はみんな、自分《じぶん》の健康《けんこう》に気《き》をつかい、病気《びょうき》にならないよう努力《どりょく》しているのでしょうか。

健康《けんこう》のすばらしさを教《おし》えてくれるはずのお医者《いしゃ》さんが、自分《じぶん》の健康《けんこう》を気《き》にせずに暮《く》らすように、**何《なに》かの専門家《せんもんか》が、その専門分野《せんもんぶんや》に対《たい》**

似た意味の「紺屋の白袴」（P94）も読んでね！

して注意《ちゅうい》しないことを、医者《いしゃ》の不養生《ふようじょう》といいます。

「作家《さっか》だけれど、まったく本《ほん》を読《よ》まない」だとか、「建築士《けんちくし》なのに、かたむいている家《いえ》に住《す》んでしまった」だとかも、医《い》者《しゃ》の不養生《ふようじょう》にあたります。

どれだけ知識《ちしき》があって、えらそうにふるまっていても、自分《じぶん》でそれを実行《じっこう》していなければ、まったく説得力《せっとくりょく》がありませんよね。

【54】急《いそ》がば回《まわ》れ

遠回《とおまわ》りでも安全《あんぜん》に行《い》こう

どこかへ出《で》かけようとしたときに、近道《ちかみち》だけど交通事故《こうつうじこ》が多《おお》い道《みち》と、遠回《とおまわ》りだけど安全《あんぜん》な道《みち》の二《ふた》つがあったら、どちらを行《い》きますか？「早《はや》く目的地《もくてきち》に着《つ》きたい！」「遅刻《ちこく》したくない！」という気持《きも》ちで、人《ひと》は近道《ちかみち》を選《えら》びがちです。しかし、いざ近道《ちかみち》を通《とお》って、事故《じこ》にあってしまったら、どうなるでしょう。たとえ小《ちい》さなケガですんだとしても、パトカーを呼《よ》んで事情《じじょう》を説明《せつめい》して、病院《びょういん》で手当《てあ》てを受《う》けて……と、大変《たいへん》なことになってしまいますね。

急《いそ》がば回《まわ》れとは、**危険《きけん》な近道《ちかみち》よりも、安全《あんぜん》な遠回《とおまわ》りのほうが、結局《けっきょく》は早《はや》く目的地《もくてきち》に着《つ》くことができる**という意味《いみ》のことわざです。江戸時代《えどじだい》の笑《わら》い話《ばなし》を集《あつ》めた本《ほん》である「噺本《はなしほん》」の中《なか》の一冊《さつ》、『醒睡笑《せいすいしょう》』に収《おさ》められている、室町時代《むろまちじだい》の連歌《れんが》（短歌《たんか》や俳句《はいく》のもととなったもの）が由来《ゆらい》となって生《う》まれました。

危険《きけん》な道《みち》は、目的地《もくてきち》に着《つ》けない可能性《かのうせい》が高《たか》い道《みち》ともいえますから、何《なに》も起《お》こらなさそうな道《みち》を選《えら》んだほうが結果的《けっかてき》にはいいのです。

【55】

うそも方便《ほうべん》

許《ゆる》されるうそもある

運動会《うんどうかい》のために、かけっこの練習《れんしゅう》をすることにしました。お父《とう》さんにストップウォッチで、五十メートルのタイムを計《はか》ってもらいます。全速力《ぜんそくりょく》で走《はし》ったあと「何秒《なんびょう》だった？」とたずねると、お父《とう》さんが口《くち》にしたのは、なんとこれまでで一番《いちばん》

今日の修行終わった！
掃除もカンペキ！
おつかいも行ったよ！
ぐっしゃー
…
おぬしのは
「大うそつき」
じゃ！

おそいタイムでした。

ショックを受《う》け、ひたすら練習《れんしゅう》したら、当日《とうじつ》はぶっちぎりの一等《とう》賞《しょう》！　あとで聞《き》いたところによると、お父《とう》さんはあの日《ひ》、本当《ほんとう》のタイムよりもおそいタイムを口《くち》にしたのだそうです。

「自分《じぶん》は足《あし》がおそいと思《おも》ったから、がんばって練習《れんしゅう》したんだろう？　**うそも方便《ほうべん》**だよ」と、お父《とう》さんはすずしい顔《かお》をしています。

方便《ほうべん》とは仏教《ぶっきょう》の言葉《ことば》で、人《ひと》や動物《どうぶつ》を「さとり」という状態《じょうたい》にみちびくための手段《しゅだん》の一《ひと》つです。「さとり」という目的《もくてき》に近《ちか》づくためならば、本来《ほんらい》は悪《わる》いことであるうそも許《ゆる》されるのです。このことから、うそも方便《ほうべん》とは、**目標《もくひょう》を達成《たっせい》するためなら多少《たしょう》のうそもしかたがない、**という意味《いみ》のことわざになりました。

お父《とう》さんのうそも、こころよく許《ゆる》してあげることにしましょう。

【56】

おぼれる者《もの》はわらをもつかむ

だれでもいいから助《たす》けてほしい！

明日《あした》までに提出《ていしゅつ》しなくてはいけない作文《さくぶん》の宿題《しゅくだい》があります。けれどそのことを、夜《よる》まですっかり忘《わす》れていました。あわてて家族《かぞく》に「手《て》伝《つだ》って！」と声《こえ》をかけたのですが、お父《とう》さん、お母《かあ》さんはもちろんお姉《ねえ》ちゃんにまで「宿題《しゅくだい》は自分《じぶん》でやりなさい」と冷《つめ》たく言《い》われてしまいました。しまいには幼稚園《ようちえん》に通《かよ》う弟《おとうと》にお願《ねが》いをしていると、

「おぼれる者《もの》はわらをもつかむって、このことだね」

と、お姉《ねえ》ちゃんがあきれたように言《い》いました。

幼稚園《ようちえん》の弟《おとうと》には、小学生《しょうがくせい》が書《か》くような作文《さくぶん》は書《か》けません。このように、**どうしようもなく困《こま》ったとき、明《あき》らかにたよりにならないものに助《たす》けを求《もと》める様子《ようす》**を、**おぼれる者《もの》はわらをもつかむ**といいます。川《かわ》や海《うみ》でおぼれた人《ひと》がわらをつかんだところで、水《みず》の流《なが》れに逆《さか》らえるわけがありませんね。弟《おとうと》は原稿《げんこう》用紙《ようし》をクレヨンでぐちゃぐちゃにするばかりで、ちっとも作文《さくぶん》は書《か》けなかったのでした。

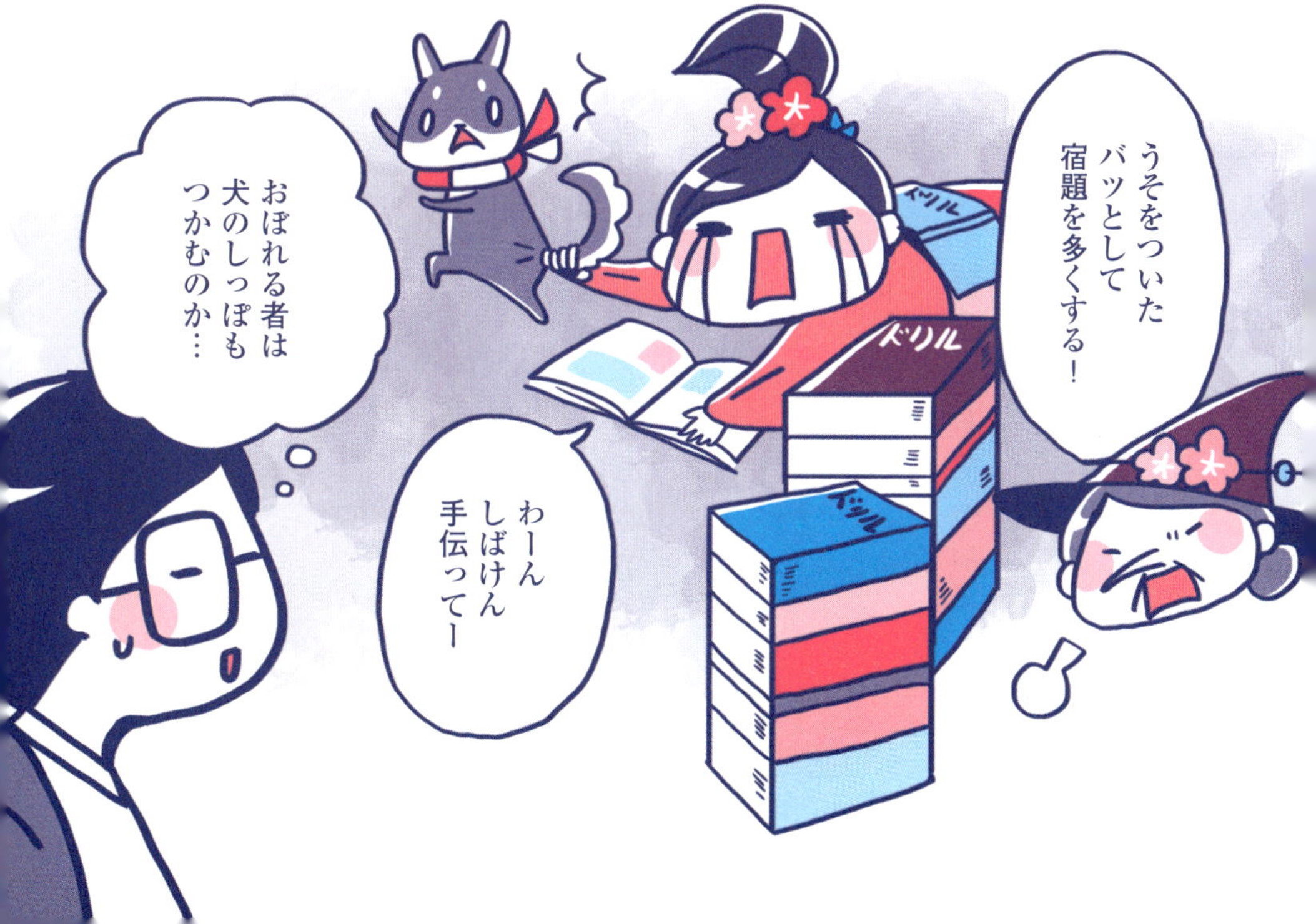

【57】果報《かほう》は寝《ね》て待《ま》て

幸運《こううん》はいつかやってくる

雑誌《ざっし》を読《よ》んでいたら、懸賞《けんしょう》のページに前《まえ》からとても欲《ほ》しかったオモチャがのっていました。次《つぎ》の誕生日《たんじょうび》まではがまんしなくてはいけないと思《おも》っていたけれど、当《あ》たったらすぐに手《て》に入《はい》ります。あわててお母《かあ》さんに切手《きって》のついたハガキをもらい、応募《おうぼ》しました。

それから毎日《まいにち》、郵便受《ゆうびんう》けをのぞいているのですが、オモチャが送《おく》られてくる気配《けはい》はありません。お母《かあ》さんがその様子《ようす》を見《み》て、「何度見《なんどみ》たって結果《けっか》は同《おな》じ。果報《かほう》は寝《ね》て待《ま》てっていうでしょう」

と言《い》いました。果報《かほう》とはもともと仏教《ぶっきょう》の言葉《ことば》で「前世《ぜんせ》の行《おこな》いによって決《き》まる、この世《よ》で受《う》ける幸《しあわ》せ」という意味《いみ》ですが、今《いま》では「幸運《こううん》」という意味《いみ》で使《つか》われています。懸《けん》賞《しょう》はまさに、運次第《うんしだい》で当《あ》たりはずれが決《き》まるもの。**果報《かほう》は寝《ね》て待《ま》て**とは、**運《うん》に任《まか》せるしかないことは、待《ま》つ以外《いがい》にすることはない**という意味《いみ》のことわざなのです。

しばらくして、待《ま》ったかいあり、懸賞《けんしょう》に当《あ》たったとの連絡《れんらく》が！　お母《かあ》さんの言《い》うことは本当《ほんとう》だと感心《かんしん》したのでした。

【58】かわいい子《こ》には旅《たび》をさせよ

子《こ》どもには苦労《くろう》をさせるべき

モモから生《う》まれた桃太郎《ももたろう》は、鬼ケ島《おにがしま》のうわさを聞《き》きつけ、自分《じぶん》を育《そだ》ててくれたおじいさんとおばあさんに鬼退治《おにたいじ》の決意《けつい》を伝《つた》えました。二人《ふたり》は桃太郎《ももたろう》を応援《おうえん》し、きびだんごを持《も》たせる……と

似た意味の「獅子の子落とし」（P42）も読んでね！

かわいい
おぬしらに
旅をさせる
野菜と薬草と魔法書
あと今川焼きを
買ってくるのじゃ
それ
おつかいだよね
魔

いうのが物語《ものがたり》のあらすじですが、もしこのとき二人《ふたり》が「あぶないから行《い》っちゃだめ！」と止《と》めていたらどうなっていたでしょうか。

「大切《たいせつ》な息子《むすこ》なんだから、家《いえ》にいておくれ」などと言《い》われ、「それもそうか」と思《おも》った桃太郎《ももたろう》は、なまけ者《もの》の大人《おとな》になってしまったかもしれません。

かわいい子《こ》には旅《たび》をさせよとは、**自分《じぶん》の子《こ》を本当《ほんとう》に大切《たいせつ》に思《おも》うなら、つらいことや苦《くる》しいことも経験《けいけん》させる必要《ひつよう》がある**、という意味《いみ》のことわざです。昔《むかし》は、新幹線《しんかんせん》や飛行機《ひこうき》などもなければ、ガイドブックやインターネットもありませんでした。旅行《りょこう》は、苦労《くろう》と危険《きけん》がともなう、大変《たいへん》な試練《しれん》だったのです。

おじいさんとおばあさんは、不安《ふあん》を感《かん》じながらも、息子《むすこ》の成長《せいちょう》のためを思《おも》って、桃太郎《ももたろう》を鬼《おに》ヶ島《がしま》へと送《おく》り出《だ》したのでしょう。

【59】

聞《き》いて極楽《ごくらく》見《み》て地獄《じごく》

想像《そうぞう》と現実《げんじつ》のギャップ

今日《きょう》から新《あたら》しいアルバイトを始《はじ》めたお兄《にい》ちゃんが、ムッとした表情《ひょうじょう》で帰《かえ》ってきました。最初《さいしょ》に説明《せつめい》されていたふんいきや仕事内容《しごとないよう》と、まったくちがっていたというのです。

「先輩《せんぱい》たちは冷《つめ》たいし、仕事《しごと》をたくさんおしつけられるし……」

すると、それを聞《き》いたお父《とう》さんが言《い》いました。

「聞《き》いて極楽見《ごくらくみ》て地獄《じごく》だよ。世《よ》の中《なか》に楽《らく》な仕事《しごと》なんてないんだから、もう少《すこ》しがまんしてごらん」

聞《き》いて極楽見《ごくらくみ》て地獄《じごく》とは、話《はなし》に聞《き》くのと、見《み》てみるのとでは、印象《いんしょう》が大《おお》きく変《か》わることを意味《いみ》する言葉《ことば》です。聞《き》くだけならば楽《らく》に思《おも》えることも、実際《じっさい》に経験《けいけん》すると大変《たいへん》だ、という昔《むかし》の人々《ひとびと》の実体験《じったいけん》が由来《ゆらい》となっています。江戸《えど》版《ばん》のいろはかるたの一枚《まい》でもあります。

しかし、地獄《じごく》だと思《おも》っていたことも、時間《じかん》がたってさまざまな面《めん》が見《み》えてくると「そう悪《わる》いことばかりじゃない」と思《おも》えてくるものです。お父《とう》さんの助《じょ》言《げん》は正《ただ》しかったのでしょう。

【60】聞《き》くは一時《いっとき》の恥聞《はじき》かぬは一生《いっしょう》の恥《はじ》

どちらがより恥《は》ずかしい？

親戚《しんせき》のおじさんは、会社《かいしゃ》で働《はたら》きながら、通信教育《つうしんきょういく》で大学《だいがく》にも通《かよ》っている勉強家《べんきょうか》です。大学《だいがく》だけでなく、おじさんは興味《きょうみ》を持《も》ったことがあれば、すぐに専門家《せんもんか》のところへ質問《しつもん》をしに行《い》きます。どうしてそんなに勉強《べんきょう》するの？　とたずねると、おじさんは「聞《き》くは一時《いっとき》の恥聞《はじき》かぬは一生《いっしょう》の恥《はじ》だからね」と楽《たの》しそうに言《い》いました。

よく知《し》らないことがあるにもかかわらず、「知《し》らないことを人《ひと》に聞《き》くのは恥《は》ずかしい」と、そのことを知《し》らないままにしてしまう人《ひと》は多《おお》いもの。

聞《き》くは一時《いっとき》の恥《はじ》聞《き》かぬは一生《いっしょう》の恥《はじ》とは、知《し》らないことを聞《き》くときの恥《は》ずかしさは一瞬《いっしゅん》ですむけれども、「ものを知《し》らない」という恥《は》ずかしさは一生《いっしょう》つきまとう、という意味《いみ》のことわざです。

みなさんもこのおじさんのように、「知《し》ること」を楽《たの》しめる大人《おとな》になってくださいね。

聞くは一時の恥
聞かぬは一生の恥!
コトばあ様は
何歳ですか!?
くわっ
一生知らんでいい!
ち、

【61】苦《くる》しいときの神頼《かみだの》み

人間《にんげん》は勝手《かって》な生《い》き物《もの》だった？

何《なん》でもないふつうの日《ひ》に神社《じんじゃ》に出《で》かけて、お参《まい》りをしたことはありますか？　初《はつ》もうでや七五三《しちごさん》など、特別《とくべつ》な行事《ぎょうじ》の日《ひ》にだけ行《い》く、という人《ひと》がほとんどではないでしょうか。

ふだんは神様《かみさま》がいることを忘《わす》れているのに、困《こま》ったときや、どうしてもかなえたい願《ねが》いがあるときにだけ、「神様《かみさま》、どうかお願《ねが》いします……」と祈《いの》ることを、苦《くる》しいときの神頼《かみだの》みといいます。

しばらく無視《むし》されていた友《とも》だちに、急《きゅう》に親《した》しげに「ねえねえ、お

願《ねが》いがあるんだけれど」と言《い》われたら、どう思《おも》うでしょう？「なんて勝手《かって》なヤツ！」と、あきれてしまうのではないでしょうか。

神様《かみさま》も同《おな》じです。困《こま》ったときだけ手《て》を合《あ》わせてくる人間《にんげん》を「勝手《かって》すぎる！」と思《おも》っているかもしれません。

この言葉《ことば》は、人間《にんげん》の勝手《かって》さを表《あらわ》したことわざでもあるのです。

また、ここぞというときにだけ、ふだんは関《かか》わりのない人《ひと》や、えらい人《ひと》をたよることを、苦《くる》しいときの神頼《かみだの》みということもあります。

【62】

後《こう》悔《かい》先《さき》に立《た》たず

起《お》きたことはとり消《け》せない！

今日《きょう》はクラスの男子全《だんしぜん》員《いん》が、先生《せんせい》にしかられるはめになってしまいました。原因《げんいん》は、そうじの時《じ》間《かん》にほうきをバット、ぞうきんをボールにして野《や》球《きゅう》をしていたら、ほうき

ケーキなんて作らなければよかったな
後悔先に立たずだね…
何じゃその物体は！

のえの部分《ぶぶん》が、女子《じょし》の一人《ひとり》に当《あ》たってしまったことです。その子《こ》が泣《な》き出《だ》したため、先生《せんせい》に見《み》つかり、大目玉《おおめだま》をくらいました。あのときほうきがぶつからなければ、だれかが「野球《やきゅう》をしよう」なんて言《い》い出《だ》さなければ、そもそもきちんとそうじをしていれば……。おこられながらも、頭《あたま》の中《なか》では「〜していれば」という後悔《こうかい》が、ぐるぐると回《まわ》っています。

一度《ど》起《お》こってしまったことは、あとでどれだけ後悔《こうかい》や反省《はんせい》をしようとも、とり消《け》すことはできません。「こんなことが起《お》こった」という事実《じじつ》と、そのときに感《かん》じた悲《かな》しみやつらさ、心《こころ》のもやもやだけが残《のこ》り続《つづ》けるのです。これを**後悔先《こうかいさき》に立《た》たず**といいます。

後悔《こうかい》したことがない人《ひと》はいないでしょうが、後悔《こうかい》よりも「これをしてよかった！」と思《おも》えることが多《おお》い人生《じんせい》を送《おく》りたいですね。

【63】

弘法筆《こうぼうふで》を選《えら》ばず

名人《めいじん》は道具《どうぐ》を選《えら》ばない

つりが好《す》きなお父《とう》さんが、お母《かあ》さんに新《あたら》しいつりざおをおねだりしていいます。お父《とう》さんがいうには、高《たか》いつりざおのほうが、たくさんの魚《さかな》が釣《つ》れるのだそうです。すると、お母《かあ》さんが言《い》いました。

「**弘法筆《こうぼうふで》を選《えら》ばず**よ。つりがうまくなれば、今《いま》のつりざおでも十分《じゅうぶん》魚《さかな》は釣《つ》れるはずです！」

弘法《こうぼう》（正式《せいしき》には弘法大師《こうぼうだいし》）とは、仏教《ぶっきょう》の一《ひと》つ、真言宗《しんごんしゅう》をひらいたおぼうさん、空海《くうかい》の別名《べつめい》です。歴史《れきし》まんがなどで見《み》たことがある人《ひと》もいるのではないでしょうか。

弘法大師《こうぼうだいし》は、書道《しょどう》の名人《めいじん》としても有名《ゆうめい》でした。弘法大師《こうぼうだいし》ほどの名人《めいじん》ならば、いい筆《ふで》を使《つか》おうと、安《やす》い筆《ふで》を使《つか》おうと、きれいで深《ふか》みのある文字《もじ》を書《か》くことができる……このことから、**本当《ほんとう》の名人《めいじん》ならば、どんな道具《どうぐ》でもすばらしい結果《けっか》を収《おさ》められる**という意味《いみ》の、弘法筆《こうぼうふで》を選《えら》ばずということわざができたのです。

お父《とう》さんは、結局《けっきょく》つりざおを買《か》うことができませんでした。

【64】

転《ころ》ばぬ先《さき》の杖《つえ》

転《ころ》んでから後悔《こうかい》してもおそい

戦国時代《せんごくじだい》、豊臣秀吉《とよとみひでよし》に軍師《ぐんし》（戦《いくさ》のときの戦略《せんりゃく》を考《かんが》える役《やく》）としてつかえていた、黒田官兵衛《くろだかんべえ》という武将《ぶしょう》がいました。官兵衛《かんべえ》は、本能寺《ほんのうじ》の変《へん》（一五八二年《ねん》）で織田信長《おだのぶなが》が死《し》ぬとすぐに、明智光秀《あけちみつひで》を倒《たお》す作戦《さくせん》を考《かんが》え、秀吉《ひでよし》に天下《てんか》をとらせるために働《はたら》きました。その後《ご》、自分《じぶん》が力《ちから》をつけすぎて、秀吉《ひでよし》から裏切《うらぎ》りを疑《うたが》われたときには、家《いえ》を息子《むすこ》にゆずったり、おぼうさんになったりして、自分《じぶん》に戦《たたか》う気《き》がないことを示《しめ》したといいます。これらの官兵衛《かんべえ》の行動《こうどう》は、まさに転《ころ》ばぬ

先《さき》の杖《つえ》だといえるでしょう。

転《ころ》ばぬ先《さき》の杖《つえ》とは、**危険《きけん》な状《じょう》態《たい》になる前《まえ》に、そうならない方《ほう》法《ほう》を考《かんが》えたり、それをすぐに実《じっ》行《こう》できるようにしておく様子《ようす》を、**安全《あんぜん》な道《みち》でも油断《ゆだん》せず、杖《つえ》を使《つか》って歩《ある》く様子《ようす》にたとえたことわざです。

失敗《しっぱい》してから「先《さき》にああしておけばよかった……」などと、後《こう》悔《かい》しないよう、注意《ちゅうい》したいものですね。

【65】

好《す》きこそ物《もの》の上手《じょうず》なれ

一生懸命《いっしょうけんめい》な人《ひと》は上達《じょうたつ》も早《はや》い

秋《あき》に行《おこな》われる音楽会《おんがくかい》で、クラス合唱《がっしょう》をすることになりました。伴《ばん》奏《そう》は、クラスで一番《いちばん》ピアノが得意《とくい》なIちゃんです。Iちゃんは、ピアノを習《なら》い始《はじ》めてまだ半年《はんとし》ですが、あっというまにむずかしい楽譜《がくふ》もひけるようになってしまったそうです。

「私《わたし》、ピアノをひくのが大好《だいす》きなの。もっと上手《じょうず》になりたいな」

とIちゃんは言《い》います。

好《す》きなことをしていたら、おどろくほど長《なが》い時間《じかん》がたっていた……

という経験はありませんか？　自分《じぶん》が好《す》きなことは、積極的《せっきょくてき》にやろうとするし、もっと上手《じょうず》になりたいと思《おも》いますよね。これを**好《す》きこそ物《もの》の上手《じょうず》なれ**といいます。**好《す》きだからこそ熱心《ねっしん》にとり組《く》み、結果《けっか》として上達《じょうたつ》が早《はや》くなる**……という意味《いみ》のことわざです。

好《す》きだし、やってみたいけれど、まだ挑戦《ちょうせん》したことがないというものはありませんか？　えいっと飛《と》びこんでみれば、びっくりするくらい上《じょう》手《ず》になるかもしれませんよ。

私ダンスが好きで得意だからアイドルもアリかなって思ってて
フミはダンスうまいのかい？
ブンブン

得意じゃないけれど好きなことを「へたの横好き」というよ！

【66】

住《す》めば都《みやこ》

どんな場所《ばしょ》でも幸《しあわ》せに暮《く》らせる！

新学期《しんがっき》から別《べつ》の小学校《しょうがっこう》へ転校《てんこう》することになった友《とも》だちが、「この町《まち》が好《す》きだし、みんなに会《あ》えなくなるからひっこしたくない」と泣《な》き出《だ》しました。たしかに知《し》らない町《まち》で、友《とも》だちのいない小学校《しょうがっこう》に通《かよ》うのはつらいでしょう。友《とも》だちがかわいそうになってきました。

都《みやこ》とは「東京都《とうきょうと》」のように、政治《せいじ》や文化《ぶんか》の中心《ちゅうしん》となる場所《ばしょ》のことです。東京《とうきょう》は日本の首都《しゅと》であり、国会議事堂《こっかいぎじどう》や最高裁判所《さいこうさいばんしょ》などがあることからも、日本の中心《ちゅうしん》と考《かんが》えられていることがわかりますね。

けれど「住《す》みやすさ」は、決《けっ》して便利《べんり》さや、中心《ちゅうしん》からの近《ちか》さで決《き》まるわけではありません。都《みやこ》から離《はな》れた場所《ばしょ》でも、自分《じぶん》の考《かんが》え方次第《かたしだい》で、都《みやこ》と同《おな》じくらい楽《たの》しく過《す》ごすことができるのです。このことから、**はじめは不便《ふべん》だ、いやだと思《おも》っていた場所《ばしょ》でも、しばらく暮《く》らしてみれば、住《す》みやすく居心地《いごこち》のいい場所《ばしょ》に思《おも》えてくる**という意味《いみ》の、**住《す》めば都《みやこ》**という言葉《ことば》が生《う》まれました。

やがて友《とも》だちから「新《あたら》しい友《とも》だちもできて、毎日《まいにち》が楽《たの》しい」という手紙《てがみ》が届《とど》きました。やはり、住《す》めば都《みやこ》だったのですね。

【67】

背《せ》に腹《はら》はかえられない

大事《だいじ》なほうを優先《ゆうせん》させる

背中《せなか》とおなかは、どちらも大切《たいせつ》な体《からだ》の一部《いちぶ》。しかし、胃《い》や腸《ちょう》などが収《おさ》まっているおなかのほうが、骨《ほね》などもなくやわらかいこともあり、より守《まも》らなければならない場所《ばしょ》

大安売りで
売り切れ前での
背に腹は
かえられなかったので
大量に買ってしまった

と考《かんが》えられていました。そのため「背中《せなか》を痛《いた》めることになっても、大切《たいせつ》なおなかは守《まも》らなくてはいけない」ことから、**背《せ》に腹《はら》はかえられないということわざができたのです。**今では「**大事《だいじ》なものを守《まも》るためには、そのほかのものを犠牲《ぎせい》にしなくてはいけないこともある**」という意味《いみ》で使《つか》われています。江戸版《えどばん》のいろはかるたでもおなじみのことわざです。

たとえば遠足《えんそく》の前日《ぜんじつ》に、かぜをひいてしまったとします。学校《がっこう》を休《やす》んだほうがよさそうですが、今日《きょう》の体育《たいいく》では、月《つき》に一度《ど》のドッジボール大会《たいかい》を行《おこな》う予定《よてい》になっています。さて、どちらを優先《ゆうせん》させるべきでしょう？　結局《けっきょく》、次《つぎ》の日《ひ》の遠足《えんそく》に行《い》くため、学校《がっこう》を休《やす》んで体《たい》調《ちょう》を整《ととの》えることにしました。月《つき》に一回《かい》のドッジボール大会《たいかい》と、年《ねん》に一回《かい》の遠足《えんそく》。背《せ》（大会《たいかい》）に腹《はら》（遠足《えんそく》）はかえられなかったのです。

【68】

長《なが》いものには巻《ま》かれろ

より強《つよ》い者《もの》についていく

たとえば、自分《じぶん》の身長《しんちょう》よりも長《なが》いひもをどこかへ運《はこ》ぼうと思《おも》ったら、ずるずると引《ひ》きずって歩《ある》くより、手《て》や腕《うで》などに巻《ま》きつけて運《はこ》んだほうが楽《らく》ですね。このことから、**えらい人《ひと》や、力《ちから》を持《も》っている人《ひと》には、逆《さか》らうよりもしたがったほうが得《とく》をする**という、**長《なが》いものには巻《ま》かれろ**ということわざができました。

戦国時代《せんごくじだい》、武将《ぶしょう》たちは次々《つぎつぎ》と長《なが》いものに巻《ま》かれていきました。織《お》田信長《だのぶなが》が強《つよ》かった時代《じだい》には信長《のぶなが》に、豊臣秀吉《とよとみひでよし》が天下《てんか》を統一《とういつ》したときには秀吉《ひでよし》に、秀吉《ひでよし》が死《し》んで徳川《とくがわ》家康《いえやす》が力《ちから》をつけ始《はじ》めてきたときには家康《いえやす》に……。もちろん、一人《ひとり》の主《あるじ》につかえ続《つづ》ける武将《ぶしょう》もいましたが、冷静《れいせい》に、より長《なが》いほうを選《えら》んだ者《もの》たちが、子孫《しそん》を残《のこ》していくことができたのです。

今《いま》では「長《なが》いものに巻《ま》かれる人《ひと》」＝「えらい人《ひと》のいうことばかり聞《き》く人《ひと》」というように、いやみや皮肉《ひにく》として使《つか》われることもあるので気《き》をつけてください。

わざわざ
ボロ屋におこし
いただいて…
お茶とおかし
お口に合います?
あのコトばあが!
長いものに
巻かれてる!

【69】情《なさ》けは人《ひと》の為《ため》ならず

親切《しんせつ》は自分《じぶん》に返《かえ》ってくる

「ペイ・フォワード（恩送《おんおく》り）」という言葉《ことば》を知《し》っていますか？ だれかから親切《しんせつ》にされたら、自分《じぶん》も別《べつ》のだれかに親切《しんせつ》にする。するとやがて、その親切《しんせつ》は人《ひと》の間《あいだ》を回《まわ》って、もう一度《ど》自分《じぶん》のもとへと返《かえ》ってくる……という考《かんが》え方《かた》のことです。

情《なさ》けは人《ひと》の為《ため》ならずということわざは、このペイ・フォワードによく似《に》ています。「**他人《たにん》にした親切《しんせつ》は、めぐりめぐって自分《じぶん》のもとへ返《かえ》ってくるのだから、結局《けっきょく》は自分《じぶん》のためにもなる**」という、昔《むかし》から

の教《おし》えです。
電車《でんしゃ》の中《なか》でお年寄《としよ》りに席《せき》を譲《ゆず》ったり、落《お》ちていたさいふを交番《こうばん》に届《とど》けたり、ちょっとしたことでいいのです。「いいことをしたな!」とすがすがしい気《き》持《も》ちになるのはもちろん、あなたの行《おこな》いをきっかけに、世《よ》の中《なか》に親《しん》切《せつ》の輪《わ》が広《ひろ》がっていくかもしれませんよ。

【70】

喉元過《のどもとす》ぎれば熱《あつ》さを忘《わす》れる

苦《くる》しみは時間《じかん》とともにうすれていく

近所《きんじょ》に住《す》む男《おとこ》の子《こ》が、へいの上《うえ》から落《お》ちて、骨折《こっせつ》してしまいました。これを聞《き》いて、みんなびっくり。なぜならその子《こ》は、先月《せんげつ》も公園《こうえん》の木《き》の上《うえ》から落《お》ちてしまい、ケガをしたばかりだったのです。どうしてこの子《こ》は、同《おな》じことを二度《ど》もくり返《かえ》してしまったのでしょう。

人間《にんげん》はどれだけ苦《くる》しい思《おも》いをしようと、時間《じかん》がたてば、そのときの苦《くる》しさや、悪《わる》いことをしたという気持《きも》ち、感謝《かんしゃ》の思《おも》いなどを忘《わす》れてしまうことがあります。これを**喉元過《のどもとす》ぎれば熱《あつ》さを忘《わす》れる**といいます。口《くち》に入《い》れたときには、「あつっ！」と声《こえ》を上《あ》げるほど温度《おんど》が高《たか》いものでも、飲《の》みこめば熱《あつ》さはうすれていく……そんな様子《ようす》が由来《ゆらい》

となって生《う》まれたことわざです。江戸版《えどばん》のいろはかるたにも収《おさ》められています。

たとえ「熱《あつ》さ」がうすれても、「熱《あつ》くてやけどした」「やけどが痛《いた》かった」という事実《じじつ》を忘《わす》れずにいることはできます。この言葉《ことば》は、同《おな》じ失敗《しっぱい》をくり返《かえ》さないように、と教《おし》えてくれているのです。

【71】

のれんに腕《うで》押《お》し

どれだけ押《お》しても手《て》ごたえがない

「のれん」を知《し》っていますか？　主《おも》にお店《みせ》の入《い》り口《ぐち》に下《さ》げておく、切《き》り目《め》の入《はい》った布《ぬの》のことで、お店《みせ》の名前《なまえ》が書《か》かれたり、染《そ》め抜《ぬ》かれたりしたものです。お客《きゃく》さんはみんな、のれんをくぐってお店《みせ》の中《なか》に入《はい》りますから、軽《かる》く押《お》しただけで開《ひら》くつくりになっています。

のれんに腕《うで》押《お》しとは、**何《なに》を言《い》っても何《なに》をしても手《て》ごたえのないこと**を言《い》います。その手《て》ごたえのなさが、押《お》すと簡単《かんたん》に向《む》こう側《がわ》へ行《い》けてしまい、少《すこ》しもはね返《かえ》ってこないのれんに似《に》ていると、昔《むかし》の人《ひと》は考《かんが》えたのでしょう。

むやみに反抗《はんこう》したり、ケンカしたりするのはいけませんが、すべてに対《たい》して「わかりました」と流《なが》されるのも考《かんが》えものです。「のれんに腕押《うでお》しで、自分《じぶん》がないヤツだな」と思《おも》われてしまうかもしれません。時《とき》には、自《じ》分《ぶん》の意見《いけん》をはっきりと主張《しゅちょう》してみてくださいね。

【72】人《ひと》を呪《のろ》わば穴二《あなふた》つ

人《ひと》を呪《のろ》うと、どうなる？

グリム童話《どうわ》の一《ひと》つである「白雪姫《しらゆきひめ》」。白雪姫《しらゆきひめ》の継母《ままはは》は、自分《じぶん》が世界《せかい》で一番美《いちばんうつく》しい女性《じょせい》になるために、あの手《て》この手《て》で美《うつく》しい白雪姫《しらゆきひめ》を消《け》してしまおうとしました。しかし、最後《さいご》の手段《しゅだん》であった毒《どく》リンゴ作《さく》戦《せん》も失敗《しっぱい》し、物語《ものがたり》のクライマックスでは、真《ま》っ赤《か》に焼《や》けた鉄《てつ》のくつをはいて、死《し》ぬまでおどることになってしまいます。

この継母《ままはは》の最後《さいご》は、まさに**人《ひと》を呪《のろ》わば穴二《あなふた》つ**。だれかを呪《のろ》い殺《ころ》してやろうと、死体《したい》をうめる墓穴《ぼけつ》をほる人《ひと》は、やがて自分《じぶん》をうめるための墓穴《ぼけつ》もほらなくてはならなくなる……自分《じぶん》をうめるための穴《あな》と、相手《あいて》をうめるための穴《あな》で、穴二《あなふた》つ、というわけです。このことから、**だれかにいやがらせをしたり、ケガをさせようとしたりする人《ひと》は、自《じ》分《ぶん》も同《おな》じような目《め》にあう、ということ**を、人《ひと》を呪《のろ》わば穴二《あなふた》つというようになりました。

いいことも悪《わる》いことも、だれかにしたことは、すべて回《まわ》り回《まわ》って自分《じぶん》のもとへと返《かえ》ってくるということなのです。

【73】

火《ひ》に油《あぶら》を注《そそ》ぐ

もめごとがさらに大《おお》きく！

ある夜《よる》、仲《なか》よくテレビドラマを見《み》ていたはずのお母《かあ》さんとお姉《ねえ》ちゃんが「ドラマに出《で》ている二人《ふたり》の俳優《はいゆう》のうち、どちらがかっこいいか」ということで、言《い》い合《あ》いを始《はじ》めました。あきれたお父《とう》さんが、「そんなくだらないことでケンカをするなんて、バカバカしい。どっちもたいしてかっこよくなんてないじゃないか」と言《い》うと、二人《ふたり》ともよけいにおこり出《だ》しました。しまいには、お父《とう》さんも巻《ま》きこんだ大《おお》ゲンカとなってしまったのです。

ごうごう燃《も》えている火《ひ》に油《あぶら》を注《そそ》いだら、火《ひ》は消《き》えるどころか、さらに燃《も》え広《ひろ》がってしまいますね。同《おな》じように、**もともと勢《いきお》いのあるものにさらに勢《いきお》いを加《くわ》えてしまうこと**を、**火《ひ》に油《あぶら》を注《そそ》ぐ**といいます。

ただでさえ激《はげ》しいお母《かあ》さんとお姉《ねえ》ちゃんの言《い》い合《あ》いに、「かっこよくない」などという発言《はつげん》は、火《ひ》に油《あぶら》だったのでしょう。結局《けっきょく》、次《つぎ》の日《ひ》になるまで、火《ひ》が消《き》えることはありませんでした。

【74】

へそで茶《ちゃ》を沸《わ》かす

おかしくてしかたがない！

学校《がっこう》から家《いえ》に帰《かえ》ったら、玄《げん》関《かん》に見知《みし》らぬ女性《じょせい》のくつがたくさん置《お》いてありました。そっと客間《きゃくま》をのぞいてみると、どうやらお母《かあ》さんの友《とも》だちが来《き》ているようです。もちろん、全員大人《ぜんいんおとな》ですが、みんな、子《こ》

ぷぷぷ
イケとるじゃろ？
わしが作った
勝負服じゃ！

どもに戻《もど》ったかのように、ゲラゲラと大声《おおごえ》で笑《わら》っています。

お母《かあ》さんは、涙《なみだ》をぬぐいながら不思議《ふしぎ》なことを言《い》いました。

「ああ、おかしい。へそで茶《ちゃ》を沸《わ》かすほど笑《わら》ったのは久《ひさ》しぶりよ」

ここでいう「茶《ちゃ》」とは、茶道《さどう》で抹茶《まっちゃ》をたてるときに使《つか》う、お湯《ゆ》のことを意味《いみ》しています。大笑《おおわら》いしておなかがゆれる様子《ようす》が、お湯《ゆ》がふっとうする様子《ようす》に似《に》ていることから、**おかしくてしかたがないことや、ばかばかしくて笑《わら》ってしまうこと**を、**へそで茶《ちゃ》を沸《わ》かす**というようになったのです。

「おへそでお茶《ちゃ》をわかしたら、熱《あつ》くてしかたがないじゃない？」

と、あとでたずねたら、お母《かあ》さんはまたへそで茶《ちゃ》を沸《わ》かしたように、大笑《おおわら》いをしたのでした。

【75】

目《め》から鱗《うろこ》が落《お》ちる

見《み》えなかったものが見《み》えるように！

キリスト教《きょう》の教《おし》えが書《か》かれた『新約聖書《しんやくせいしょ》』の中《なか》に、こんな話《はなし》があります。あるとき、キリスト教《きょう》に反対《はんたい》していたサウロという男性《だんせい》の目《め》が見《み》えなくなってしまいました。アナニアというキリスト教徒《きょうと》が、神《かみ》の言葉《ことば》を聞《き》き、彼《かれ》のために祈《いの》ると、サウロの目《め》からは魚《さかな》のうろこのようなものが落《お》ち、再《ふた》び見《み》えるようになったのです。このことをきっかけに、サウロはキリスト教《きょう》を信《しん》じるようになりました。

この話《はなし》がもととなって生《う》まれたのが、**目《め》から鱗《うろこ》が落《お》ちる**ということわざです。**何《なに》かの出来事《できごと》がきっかけとなり、これまでわからなかった「本当《ほんとう》のこと」が、急《きゅう》にわかるようになる様子《ようす》**を表《あらわ》しています。

「どれだけ考《かんが》えてもわからなかった算数《さんすう》の問題《もんだい》が、友《とも》だちに教《おそ》わった解《と》き方《かた》を試《ため》したらあっというまに解《と》けた」とか「長《なが》い間悩《あいだなや》んでいたことが、お母《かあ》さんのアドバイス一《ひと》つでスッと解決《かいけつ》した」など、「目《め》から鱗《うろこ》が落《お》ちる」例《れい》だといえるでしょう。

【76】

渡《わた》る世間《せけん》に鬼《おに》はない

世《よ》の中《なか》悪《わる》い人《ひと》ばかりじゃない！

あなたがここまで無事《ぶじ》に大《おお》きくなったのは、家族《かぞく》や親戚《しんせき》など、血《ち》のつながりがある人《ひと》たちばかりではなく、たくさんの「他人《たにん》」が力《ちから》を貸《か》してくれたから、ということを、ぜひ覚《おぼ》えておきましょう。

悪《わる》いことをしたときにしかってくれた幼稚園《ようちえん》の先生《せんせい》や、勉強《べんきょう》を教《おし》えてくれた小学校《しょうがっこう》の先生《せんせい》。逆上《さかあ》がりの練習《れんしゅう》につきあってくれた同《おな》じ学校《がっこう》のお姉《ねえ》さんや、道《みち》で転《ころ》んでケガをしたときに手当《てあ》てをしてくれたご近所《きんじょ》さん。いろいろな人《ひと》たちに助《たす》けてもらってきたのではない

でしょうか。
世《よ》の中《なか》には冷《つめ》たい人《ひと》や、他《た》人《にん》に興味《きょうみ》がない人《ひと》もいます。けれど、それと同《おな》じくらいたくさん、困《こま》ったときに助《たす》けようとしてくれる優《やさ》しい人《ひと》もいるのです。これを渡《わた》る世間《せけん》に鬼《おに》はないといいます。
今《いま》もこの先《さき》も、だれかを助《たす》けてあげる人《ひと》でいたいものですね。

【77】

笑《わら》う門《かど》には福《ふく》来《き》たる

笑顔《えがお》が幸《しあわ》せを呼《よ》んでくる

いなかに住《す》むおばあちゃんは、昔《むかし》から孫《まご》たちがケンカしたり、泣《な》いたりしているのを見《み》るたびに、「そんな顔《かお》をしていちゃだめだよ。笑《わら》う門《かど》には福《ふく》来《き》たるなんだから」と口《くち》ぐせのように言《い》っていました。おばあちゃんがにこにこと笑《わら》っているので、みんなも自然《しぜん》と笑顔《えがお》になるのです。

ここでいう「門」とは、家《いえ》の前《まえ》にある出入《でい》り口《ぐち》のことではなく、家《いえ》や家族《かぞく》を表《あらわ》す言葉《ことば》です。**いつも明《あか》るく、笑顔《えがお》と笑《わら》い声《ごえ》があふれてい**

る家庭《かてい》には、自然《しぜん》と幸《しあわ》せがやってくるという教《おし》えが、**笑《わら》う門《かど》には福来《ふくき》たる**、ということわざになりました。上方版《かみがたばん》のいろはかるたにも収《おさ》められています。

いつもおこったような顔《かお》をしている人《ひと》や、どんよりした表情《ひょうじょう》をしている人《ひと》に、自分《じぶん》から近《ちか》づこうとは思《おも》いませんね。きっと幸運《こううん》を運《はこ》んできてくれる神様《かみさま》も、私《わたし》たちと同《おな》じように考《かんが》えているに違《ちが》いありません。みなさんも、このおばあちゃんを見習《みなら》って、笑顔《えがお》を忘《わす》れないようにしてください。

クイズ テストの時間《じかん》じゃ③

レベル1 ジェスチャーを見《み》てことわざを当《あ》てろ！

８人《にん》の子《こ》どもたちが、ジェスチャーでことわざを表《あらわ》しているぞい。それぞれ、どのことわざを表現《ひょうげん》しているのかわかるかな？　記号《きごう》で答《こた》えるんじゃ！

④

⑤

⑥

⑦

⑧

ことわざリスト

ア：長《なが》いものには巻《ま》かれろ
イ：転《ころ》ばぬ先《さき》の杖《つえ》
ウ：かわいい子《こ》には旅《たび》をさせよ
エ：のれんに腕《うで》押《お》し

オ：笑《わら》う門《かど》には福《ふく》来《き》たる
カ：果報《かほう》は寝《ね》て待《ま》て
キ：おぼれる者《もの》はわらをもつかむ
ク：人《ひと》を呪《のろ》わば穴《あな》二《ふた》つ

答《こた》えは 186 ページに！

レベル 2

ことわざのまちがいを探《さが》せ！

ここに並《なら》ぶ8つのことわざは、それぞれどこかが少《すこ》しずつまちがっているんじゃ。まちがいを見《み》つけて、正《ただ》しいことわざにしてみておくれ。

第《だい》1問《もん》

医者《いしゃ》の非養生《ひようじょう》

第《だい》2問《もん》

聞《き》いて極楽《ごくらく》行《い》って地獄《じごく》

第《だい》3問《もん》

後悔後《こうかいあと》に立《た》たず

第《だい》4問《もん》

背《せ》に腰《こし》はかえられない

第《だい》5問《もん》

情《なさ》けは友《とも》の為《ため》ならず

第《だい》6問《もん》

喉元《のどもと》過《す》ぎれば暑《あつ》さを忘《わす》れる

第《だい》7問《もん》

火《ひ》に油《あぶら》をつぐ

第《だい》8問《もん》

渡《わた》る世間《せけん》に鬼《おに》はいる

答《こた》えは186ページに！

テストの答《こた》え

レベル1

① ウ　② キ　③ イ　④ エ

⑤ ア　⑥ カ　⑦ ク　⑧ オ

レベル2

下線部分《かせんぶぶん》がまちがっていた部分《ぶぶん》だよ

第《だい》1問《もん》 医者《いしゃ》の不《ふ》養生《ようじょう》

第《だい》2問《もん》 聞《き》いて極楽《ごくらく》見《み》て地獄《じごく》

第《だい》3問《もん》 後悔《こうかい》先《さき》に立《た》たず

第《だい》4問《もん》 背《せ》に腹《はら》はかえられない

第《だい》5問《もん》 情《なさ》けは人《ひと》の為《ため》ならず

第《だい》6問《もん》 喉元《のどもと》過《す》ぎれば熱《あつ》さを忘《わす》れる

第《だい》7問《もん》 火《ひ》に油《あぶら》を注《そそ》ぐ

第《だい》8問《もん》 渡《わた》る世間《せけん》に鬼《おに》はない

ふぅ……
ずいぶんたくさんのことわざを覚《おぼ》えたね

これで、コクーゴ魔法《まほう》のためのパワーが
蓄《たくわ》えられたわね！

ふん。
おぬしらにしてはよくがんばったではないか
それじゃあ最後《さいご》に、ちょっとした魔法《まほう》の
かけ方《かた》を教《おし》えてやろうかね

えっ!?

コクーゴ魔法以外《まほういがい》にも、
ことわざを使《つか》ってかけられる魔法《まほう》があるの？

それはな、
「会話《かいわ》」という魔法《まほう》なんじゃ

会話《かいわ》？

百聞《ひゃくぶん》は一見《いっけん》に如《し》かず、じゃな
実際《じっさい》に試《ため》してみようじゃないか

コラム

「ことわざで会話《かいわ》」で みんな笑顔《えがお》に！

友《とも》だちや家族《かぞく》と会話《かいわ》をするときに、ことわざを使《つか》ってみよう。ことわざは時《とき》と場合《ばあい》によって、相手《あいて》をなぐさめたりはげましたりする、魔法《まほう》のじゅもんになるんじゃ！

失敗《しっぱい》して、落《お》ちこんでいる人《ひと》に…

ドンマイ
しゅんとしないで 笑《わら》う門《かど》には 福《ふく》来《き》たるだよ！

コトばあ アドバイス

得意《とくい》なものを失敗《しっぱい》してしまった子《こ》には「猿《さる》も木《き》から落《お》ちる」などと声《こえ》をかけてもいいじゃろう。

悩《なや》みがありそうな人《ひと》に…

う―――ん
みんなで考《かんが》えよう 三人《さんにん》寄《よ》れば 文殊《もんじゅ》の知恵《ちえ》だよ

コトばあ アドバイス

別《べつ》の友《とも》だちもさそって、二人《ふたり》で声《こえ》をかけてみるといいだろう。「力《ちから》になりたい」という気持《きも》ちを伝《つた》えるのじゃ。

夢《ゆめ》をあきらめようとしている人《ひと》に…

七転《ななころ》び八起《やお》き！
ここであきらめるのは
もったいないよ

コトばあアドバイス

「石《いし》の上《うえ》にも三年《さんねん》」「桃《もも》栗三年柿八年《くりさんねんかきはちねん》」もおすすめ。相手《あいて》をあと押《お》しすることわざを言《い》ってみよう。

友《とも》だちや家族《かぞく》の顔《かお》を
思《おも》い浮《う》かべながら、
「この人《ひと》に
こんなことわざを
言《い》ってあげたい」と
考《かんが》えてみるのも
いいじゃろう

なるほどー！
ことわざって
こういうふうに
使《つか》えるのね！

「ことわざ」の知識習得〜〜!
やったーー
おまえたち よく がんばったな
じーーん
うる
うる
これからも コクーゴ魔法に 精進していくのだぞ
はい!

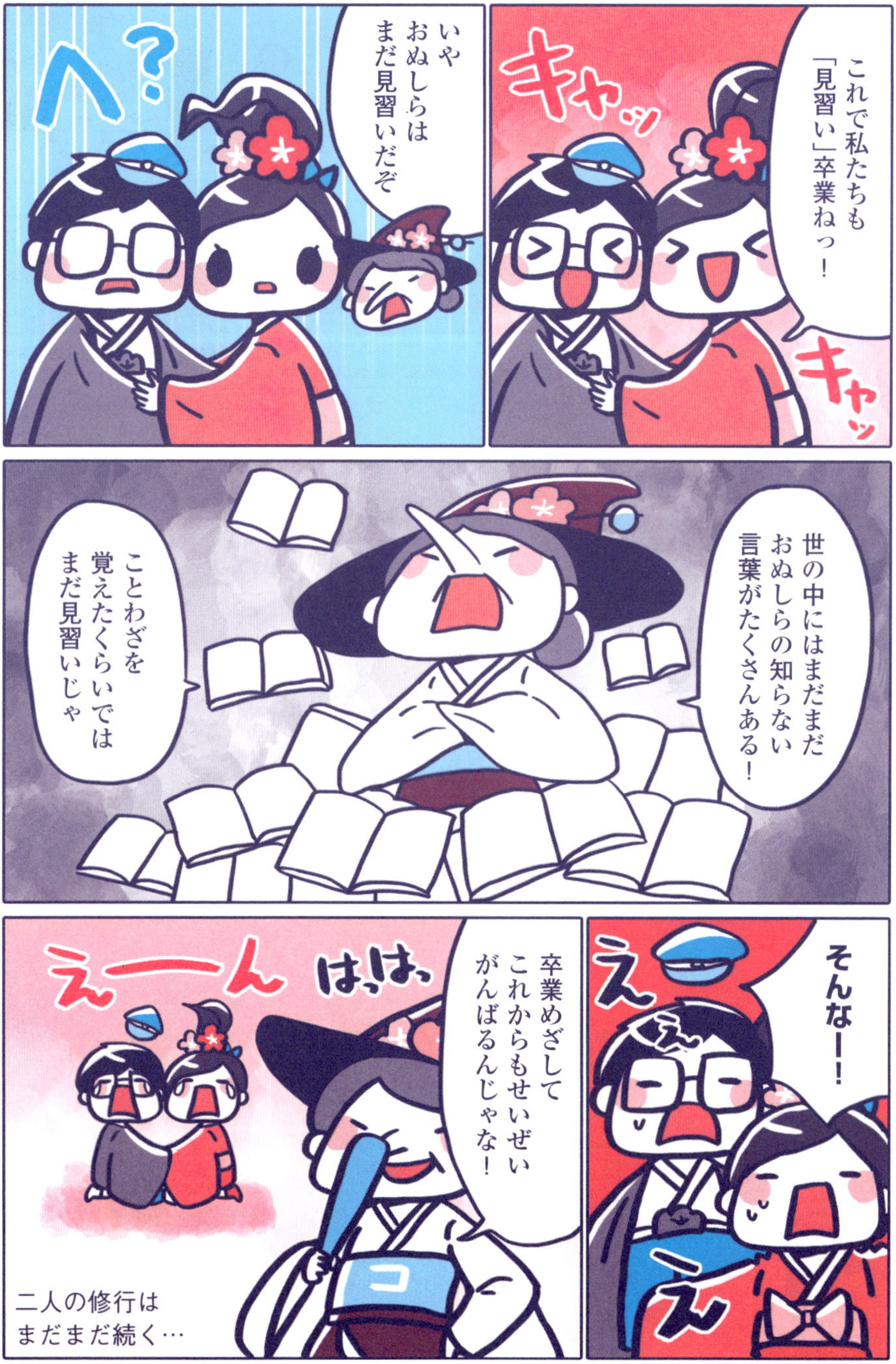

これで私たちも「見習い」卒業ねっ！
キャッ
キャッ
へ？
いや
おぬしらは
まだ見習いだぞ
世の中にはまだまだ
おぬしらの知らない
言葉がたくさんある！
ことわざを
覚えたくらいでは
まだ見習いじゃ
え
そんなー！
え
え
卒業めざして
これからもせいぜい
がんばるんじゃな！
えーん
はっはっ
二人の修行は
まだまだ続く…

監修　田中友樹（たなか・ともき）

洗足学園中学高等学校教諭。
校務主任、国語科主任。
1970年7月14日生まれ。蟹座のA型。
慶応大学文学部国文学科卒業後、
1994年に洗足学園教諭となる。
好きな野球チームは横浜DeNAベイスターズ、
好きな食べ物はパイナップル。

編著　朝日小学生新聞

読めばわかる！　ことわざ

2015年 3月31日　初版第1刷発行
2016年11月30日　　　第3刷発行

イラスト　はし あさこ
発行者　植田幸司
編集　當間光沙
デザイン・DTP　李澤佳子

発行所　朝日学生新聞社
〒104-8433 東京都中央区築地5-3-2 朝日新聞社新館9階
電話　03-3545-5227（販売部）
03-3545-5436（出版部）
http://www.asagaku.jp（朝日学生新聞社の出版案内など）

印刷所　株式会社 光邦

ISBN 978-4-907150-55-6